Wolfram zu Mondfeld
Entscheidung bei Salamis

W. zu Mondfeld

Entscheidung bei Salamis

Mut und überlegene Taktik der Griechen
besiegen die persische Riesenflotte

1. Auflage 1976
© 1976 by Arena-Verlag Georg Popp Würzburg
Alle Rechte vorbehalten
Schutzumschlag: Wolfram zu Mondfeld
Gesamtherstellung: Richterdruck Würzburg
ISBN 3 401 03780 3

Inhalt

Die Perser

Die Melodie der Flöte scheint unterzugehen in dem tausendfältigen Stimmengewirr, doch der einsame Musikant vor dem Altar des Dionysos in der Mitte der Orchestra bläst unbeirrt weiter in sein Instrument.
Langsam verebbt der Lärm.
Es wird still in dem Halbrund des Theaters, dessen aufsteigende Sitzreihen sich an den Abhang der Akropolis, des Burg- und Tempelberges von Athen, lehnen.
Die Zuschauer starren gespannt hinunter auf die noch leere Orchestra, auf die noch leere Bühne, die nach hinten abgeschlossen wird durch die Szenenwand, die den Palast der persischen Könige mit dem Grabmal des Dareios darstellt.
Das Stück heißt: *Die Perser*, der Dichter: Aischylos.
Die Melodie der Flöte klingt jetzt feierlich getragen. Zwölf hoch aufragende Gestalten mit den Masken alter Männer, gehüllt in lange Gewänder, treten aus den Pforten des Palastes, steigen die Stufen zur Orchestra hinab, umschreiten auf ihren hochsohligen Kothurnen mit weiten Schritten den Flötenspieler.
Die zwölf angesehensten alten Perser, die Vertrauten des Königs, sind der Chor:

> »Der Perser, die fort in hellenisches Land
> Gezogen, Verwalter heißen wir hier,
> Zu hüten die Schätze, zu hüten das Haus,
> Die goldene Burg. Nach Alter und Würde
> Erwählt' uns, des Landes zu walten,
> Der Herrscher, Xerxes, der König selbst.
> Denn alle Macht aus Asiens Stamm
> Ist fortgezogen und folgt mit Geschrei
> Dem König. Doch kein Bote bringt uns,
> Kein Läufer, kein Reiter, keiner uns Kunde

Tragische Theatermasken.

Zurück nun zur persischen Hauptstadt.
Die Krieger indes, die gekommen aus Susa
Und Egbatana, auch die aus Kissias
Uralten Mauern, zogen zu Pferd,
Zu Schiff und bilden zu Fuß auch
Im Tritt den Haufen der Feldschlacht.
Vom Gotte nämlich regiert
Seit alters her das Geschick.
Jedoch den Persern dachte es zu,
Die mauernspaltenden Kriege und
Das rossefreudige Kampfgewühl
Zu treiben und Städtezerstörung.
Des männerreichen Asiens Herrscher,
Der verwegene, jagt wider fernes Land
Die wüsten Kriegerhorden auf, zwiefach
Den Fußvolkgebietern und den zur See
Erfahrenen Führern vertrauend.
Mit dem Drohblick eines gift'gen Basilisken in den Augen,
Unzählige Kriegerarme, unzählige schnelle Schiffe
Nennt er sein, und auf dem Wagen eines Syrers jagt er selbst hin,
Hetzt er auf die lanzenkundigen Männer Griechenlands der Perser
Nur des Bogens kundige Kriegsschar.

8

Wer ist so bewährt im Kampf, daß er dem gewaltigen Anprall
Einer Meereswoge trotzte? Unbezwinglich ist die Meerflut,
Durch keinen Damm zu halten, sei es auch das stärkste Bollwerk.
Auch der Perser tapfern Kriegern und der Kühnheit unseres Volkes
Hat niemand noch widerstanden.«

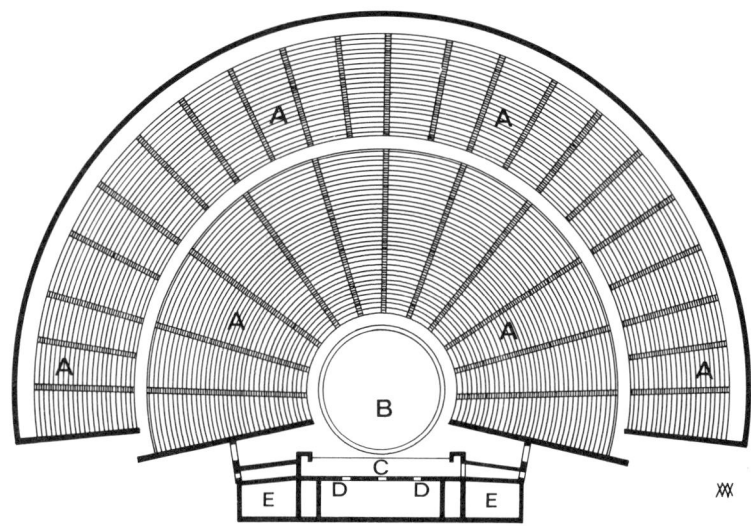

Griechisches Theater.
A: Zuschauer, B: Orchestra, C: Bühne, D: Szenenwand, E: Räume für Schauspieler,
Technik etc.

Krieg gegen die Freiheit

Und es rauschte wie eine mächtige Woge durch die Weiten der Audienzhalle in Persepolis, da sich die Tausenden mit ausgestreckten Armen auf die Knie warfen, sich niederbeugten und mit der Stirn den Boden berührten.

Und die Tausenden, von denen manche von den äußersten Grenzen des Reiches gekommen waren, durften erleben, daß der König der Könige, Xerxes – ein noch junger Mann –, Sohn des unvergessenen Dareios, die Halle betrat und sich auf seinem goldenen Thron niederließ.

Und Xerxes, der König der Könige, blickte die weite Halle hinunter mit dem Wald der schlanken, überhohen Säulen mit den Stierkapitellen, auf denen die mächtigen Zedernbalken des Daches ruhten; mit den Wänden aus glasierten Ziegeln, bedeckt mit Löwen, Stieren und Greifen; mit dem Teppich der gebeugten Rücken am Boden.

Und Großkönig Xerxes war sehr zufrieden, wenn er all die Mächtigen seines Reiches so demütig vor sich liegen sah: seine zahllosen Brüder, Vettern, Neffen und Schwäger, die Oberbefehlshaber und Oberbefehlshaber der Oberbefehlshaber seiner Heere und Flotten, die Könige und Fürsten der von den Persern unterworfenen Völker und Stämme in ihren bunten Trachten, die Satrapen, seine Statthalter und Verwalter der Provinzen, jeder von ihnen mächtig wie ein König, die großen Großen seines Reiches, die sich näher vor seinem Thron in den Staub werfen durften, und dahinter, in der Mitte der weiten Halle, die nicht ganz so großen Großen, und irgendwo im Hintergrund, kaum noch sichtbar, die kleinen Großen.

Und Xerxes, der König der Könige, ließ sie alle eine Weile warten in ihrer unterwürfigen Haltung, ehe er mit einem leichten Wink seines Zepters ihnen die Erlaubnis gab, sich wieder zu erheben.

Und der Großkönig Xerxes saß auf seinem goldenen Thron, der auf zwei

Die Ruinen des Xerxes-Palastes in Persepolis mit Blick auf die große Audienzhalle.

Xerxes, Sohn des Dareios, König der Könige, Beherrscher des Erdkreises, Großkönig des persischen Reiches.

goldenen Löwen mit wildverzerrten Fratzen ruhte, und auf den Stufen zu seinem Thron lagen zweimal sechs goldene Löwen mit wildverzerrten Fratzen. Und Xerxes, der König der Könige, sprach zu seinen versammelten Großen. Er sprach aber nicht sehr laut, so daß ihn nur die großen Großen in seiner Nähe verstanden; die nicht ganz so großen Großen in der Mitte der Halle und die kleinen Großen an ihrem Ende hielten sich zwar die Hände an die Ohren, um die Worte des Großkönigs zu erhaschen, doch sie waren viel zu weit weg von dem goldenen Thron und den goldenen Löwen, und so verstanden sie nichts;

doch das machte keinen Unterschied, denn sie stimmten ohnehin immer mit den großen Großen überein . . .

Und also sprach der Großkönig Xerxes:

»Die Perser sind das tapferste, größte und klügste Volk dieser Welt, und also ist es nur gerecht, wenn die Perser diese Welt auch beherrschen!«

Die großen Großen murmelten beifällig – es war ihre Pflicht, beifällig zu murmeln, wenn der König der Könige etwas sagte –, und die nicht ganz so großen Großen und die kleinen Großen murmelten beifällig, weil die großen Großen beifällig murmelten. Und weil sie alle ja die Vertreter der Völker des persischen Reiches waren, herrschte stets eine ungetrübte Einmütigkeit zwischen dem König der Könige und seinen Völkern, und alle waren sehr stolz auf diese Einmütigkeit.

Und als das beifällige Gemurmel verstummt war, fuhr der Großkönig Xerxes fort:

»Mein Ahnherr Kyros, den man mit Recht den Großen nennt – alle Könige der Perser sind groß! –, hat das Reich der Perser gegründet. Er hat die Meder unterworfen samt ihrem König Astyages (550 v. Chr.), er hat die Lyder unter ihrem König Kroisos besiegt (546 v. Chr.) und die Griechen in Kleinasien. Er hat Babylon erobert und das Reich der Chaldäer samt Syrien und den Gebieten der Phönizier dem persischen Großreich eingegliedert (539 v. Chr.).

Sein Sohn Kambyses, mein unvergessener Großvater, unterwarf Ägypten, schlug den letzten Pharao Psammetich und eroberte das Niltal bis Nubien (525 v. Chr.).

Dareios, mein unvergessener Vater, schließlich unterwarf Thrakien und Makedonien (512 v. Chr.) und weitete das Reich nach Osten bis ins Industal hinein aus (510 v. Chr.).

In knapp 70 Jahren haben die Perser also den größten Teil der Welt befriedet, und damit steht fest, daß sie die heilige Pflicht haben, auch den Rest dieser Welt zu beherrschen und ihm die Segnungen der persischen Kultur zu bringen.«

Der Großkönig Xerxes machte eine kurze Pause, um seinen Großen Gelegenheit zu geben, beifällig zu murmeln, ehe er weitersprach:

»Aus diesem Grund habe ich beschlossen, Indien und alle Länder und Königreiche östlich von Indien dem persischen Reich einzufügen, weil das eine Aufgabe ist, die dem Nachkommen des Kyros, Kambyses und Dareios wohl ansteht. – Nicht etwa, daß ich selber nach der Macht strebe über diese sehr reichen

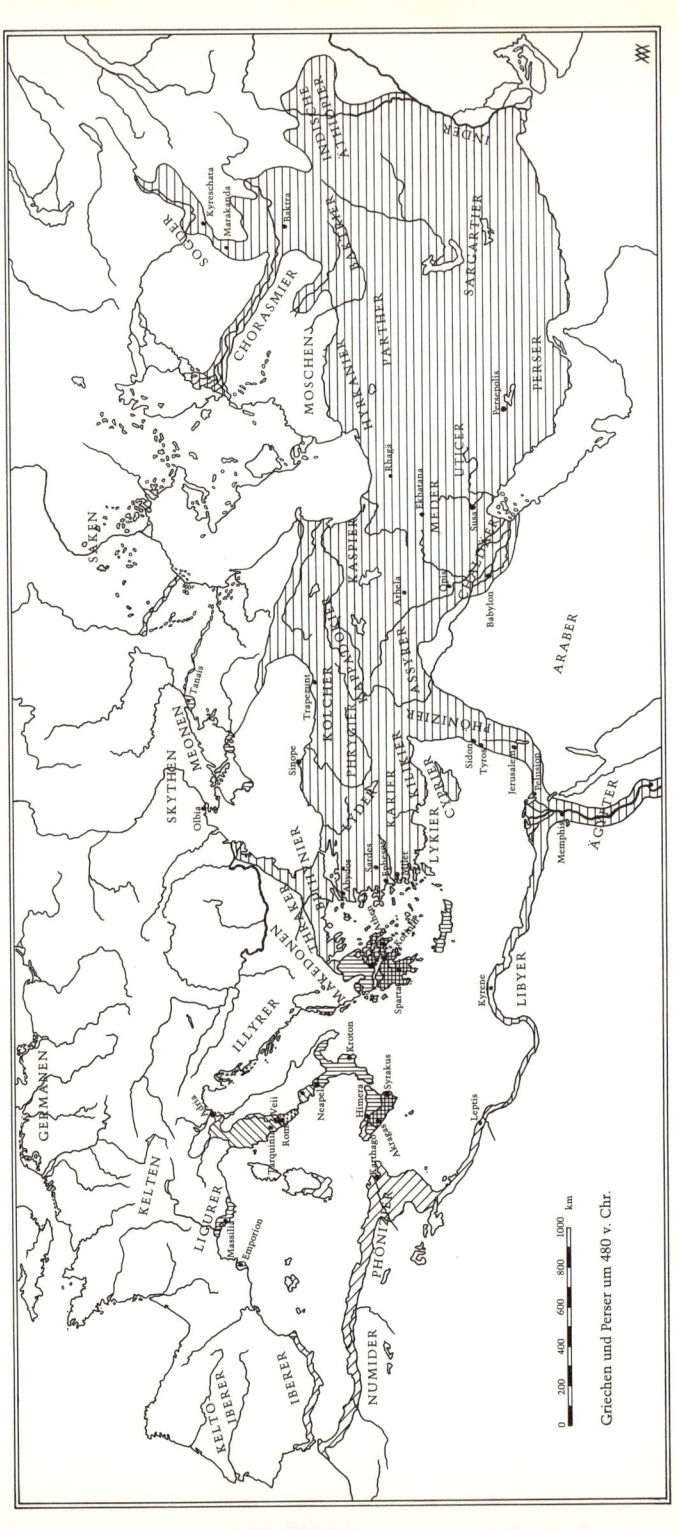

Griechen und Perser um 480 v. Chr.

	Verbündete Griechenstaaten
	Neutrale Griechenstaaten
	Gebiet von Rom

	Persisches Großreich
	Karthagisches Gebiet
	Etruskische Staaten

0 200 400 600 800 1000 km

GERMANEN

KELTEN

KELTO-
IBERER

IBERER

NUMIDER

LIGURER

Massilia
Emporion

ILLYRER

MAKEDONEN

Karthago

PHÖNIZIER

Tarquinii
Rom
Neapel
Hiera
Atztea
Syrakus
Leptis

Kroton

Kyrene

LIBYER

SKYTHEN

MEONEN
Olbia
Tanais

THRAKER
PAPHLAGONIER

Sinope

Trapezunt

Abydos
Sardes
KARIER
LYKIER
CYPER

Sparta

KOLCHER

PHRYGIER

KAPPADOKIER

ASSYRIER

PHÖNIZIER
Sidon
Tyros
Jerusalem

Memphis

ÄGYPTER

ARABER

Babylon

Arbela

Susa
Opis

MEDER
Ekbatana
Rhagai

ULIER

SARGARTIER

PERSER
Persepolis

HYRKANER

KASPIER

PARTHER

MOSCHEN

CHORASMIER

SOGDER
Marakanda
Kyreschata

Baktra

BAKTRER
ARIER
INDISCHE
INDER

SAKEN

Stierkapitell aus dem Palast des Xerxes;
bereits ohne Säule ist es gut vier Meter
hoch.

Länder, ich erfülle damit nur den Auftrag der Götter, der allen anderen Völkern gegeben wurde, sich den Segnungen der persischen Herrschaft zu unterwerfen. Ihr, die Großen meines Reiches, werdet also überall Truppen ausheben, sie ausrüsten und im Waffenhandwerk üben. Ihr werdet Schiffe und Belagerungs- geräte bauen und dafür sorgen, daß alles für einen so großen Feldzug bereit ist. Und wer mir die besten Truppen und Schiffe vorführt, den werde ich mit meiner Huld belohnen. Ihr werdet auch nicht vergessen, neben den üblichen Tributen und Steuern entsprechende Sonderabgaben und Geschenke für die Kriegskasse abzuliefern, weil es ein sehr großes Opfer für die Perser ist, die ganze Welt zu beherrschen.

Dies ist der Wille der Götter, daß Persien keine anderen Grenzen habe als den

Himmel, und ich erwarte von euch, daß ihr gebührend dankbar dafür seid!«
Wieder lief ein beifälliges Murmeln durch die Weiten der Halle, und da der
König der Könige den Krieg beschlossen hatte, beeilten sich die großen Großen
nahe vor ihm »Krieg! Krieg!« zu rufen, und die nicht ganz so großen Großen,
und die kleinen Großen hatten zwar von der Rede des Großkönigs kein Wort
verstanden, da aber die großen Großen »Krieg!« riefen, schrien auch sie eifrig
»Krieg! Krieg!«, und also herrschte die gewohnte Einmütigkeit zwischen dem
König der Könige und seinem Volk.

Als sich das allgemeine Geschrei wieder gelegt hatte, ergriff der Großkönig
Xerxes noch einmal das Wort, um noch eine nebensächliche Kleinigkeit zu
erledigen:

»Da wir ein so großes und würdiges Werk in Angriff nehmen, Indien und alle
Länder und Königreiche östlich von Indien zu befrieden, und dazu Heer und
Flotte zusammenziehen, sollten wir unseren Soldaten nun zunächst die Mög-
lichkeit geben, sich unter kriegsähnlichen Bedingungen in den Waffen zu
üben. Einige Sklaven, die Hellenen und besonders die Athener, waren ver-
blendet genug, sich uns nicht sofort zu unterwerfen – sie haben sogar gewagt,
das Heer meines unvergessenen Vaters Dareios daran zu hindern, sie zu besiegen.

Ich habe also beschlossen, vor dem Zug gegen Indien und die Länder östlich
von Indien die Hellenen zu züchtigen und auszurotten.«

Griechen und Perser

Daß Völker, ähnlich wie einzelne Menschen, ihre Lebenszeit haben, ist hun-
dertfach in der Geschichte belegt.

Irgendwann, irgendwo taucht ein Volk auf, jung, zwar wenig kultiviert, doch
voll Tatendrang. Es breitet sich aus, baut auf und erreicht nach einer Weile
den Höhepunkt seiner Kultur und politischen Macht. Ist dieser Höhepunkt
überschritten, beginnt das Volk zu altern, überfeinert seinen Lebensstil, wird
müde, kraftlos, und nicht selten wird es am Ende seiner Geschichte von einem
neuen, jungen Volk überrannt und aufgesogen.

Freilich, wie schnell oder langsam ein Volk altert, dafür gibt es keine Regel.
Ägypten oder China haben Jahrtausende gebraucht, um diesen Zyklus zu
durchlaufen. Griechenland besaß zur Zeit des Angriffs durch die Perser eine

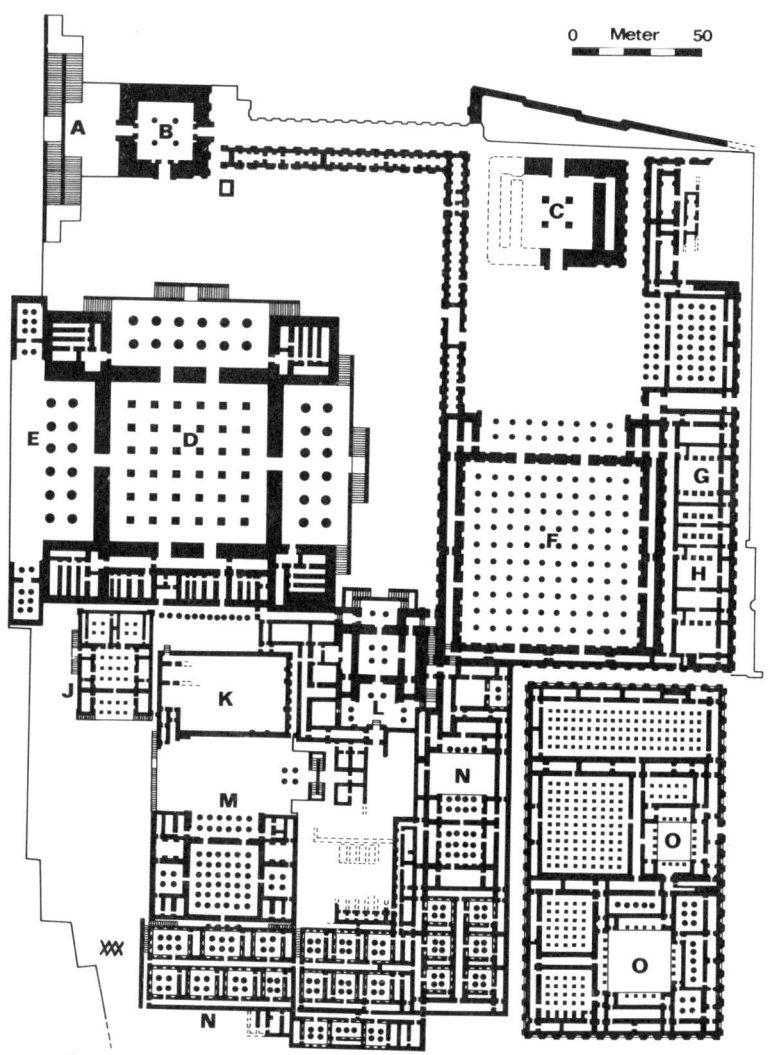

Palast des Dareios und Xerxes in Persepolis.
A: große Treppe, B: Haupttor, C: unvollendetes Tor, D: große Audienzhalle, E: große
Terrasse, F: Thronsaal (Saal der 100 Säulen), G: Ställe der heiligen Pferde, H: könig-
liche Pferdeställe, I: Palast des Dareios, K: Garten, L: kleiner Sitzungssaal, M: Palast
des Xerxes, N: Harem, O: Schatzhäuser. Diese Zeichnung gibt nur den inneren Kern
der Anlage wieder, darum herum lagen die Paläste der Großen, Dienergebäude, Ställe,
Kasernen für die Unsterblichen, Königsgräber und vieles andere.

17

gut 700jährige Kultur, war aber immer noch ein *junges* Volk, das erst seinem Höhepunkt zustrebte. Die Perser dagegen hatten in knapp drei Generationen ihren Gipfel längst überschritten und waren, trotz ihrer erst so kurzen Geschichte, bereits ein *altes* Volk geworden.

Als der Großkönig Xerxes seine Heere gegen Hellas aufrief, war dieser Feldzug für ihn nichts weiter als ein logischer Schritt zur Weltherrschaft, die er für sich und seine Nachfolger beanspruchte.

Es wäre irrig, wollte man aus der hochtrabenden Ansprache des Königs der Könige an die Großen seines Reiches etwa Ironie heraushören — Ironie, gar Selbstironie, lag den Persern völlig fern (wie allen vor und nach ihnen, die den Anspruch erhoben, die ganze Welt unter ihrer Herrschaft vereinen zu sollen).

Xerxes war zutiefst überzeugt von seiner Sendung und seiner Größe.

Groß war überhaupt ein Lieblingsbegriff der Perser, den sie so oft anwendeten, wie das überhaupt möglich war. Und groß, um nicht zu sagen gigantisch, war auch alles, was sie taten:

Ihre Herrscher nannten sich Großkönig (Basileus), König der Könige oder Beherrscher des Erdkreises; sie wohnten in Palästen, die, wie in Persepolis, eine Grundfläche von über 13 000 Quadratmetern bedeckten, geschmückt mit den höchsten Säulen, die je bis dahin errichtet wurden; die Schiffe ihrer Flotten zählten nach Tausenden, ihre Heere nach Hunderttausenden. Um Griechenland zu erobern, setzte Xerxes im Jahr 480 v. Chr. ein Millionenheer in Bewegung; selbst die kleinen Großen dieses Reiches waren Könige und Fürsten, die über Zehntausende von Untertanen geboten . . .

Zur historischen Genauigkeit dieses Buches muß hier auch eine kurze Anmerkung zu den persischen Namen gemacht werden.

So fremd und *persisch* etwa Xerxes in unseren Ohren klingt, so wenig richtig ist dieser Name, denn in seiner eigenen Sprache nannte sich Xerxes Chschajarscha, sein Vater Dareios Dârajawahusch, sein Sohn und Nachfolger Artaxerxes Artachschathra, und Kyros müßte eigentlich Kurusch genannt werden. Die Namen Xerxes, Dareios, Artaxerxes oder Kyros sind die griechischen Versionen der persischen Namen, die wohl damals für die Griechen schon ebenso zungenbrecherisch waren, wie sie uns heute noch teilweise erscheinen. Wir haben uns längst an diese griechischen Namen gewöhnt, und aus diesem Grund, um unnötige Verwirrung zu vermeiden, aber auch wegen der verschiedenen Textstellen aus den *Persern* des Aischylos, habe ich mich entschlossen, diese Namen in der griechischen Fassung zu verwenden.

Die Hellenen wurden von den Persern abfällig als Barbaren bezeichnet, weil sie vergleichsweise arm waren, ihre Kultur mit der persischen Prachtentfaltung in nichts Schritt halten konnte und sie, zudem in zahllose rivalisierende Stadtstaaten zersplittert, noch nicht einmal über eine brauchbare, einheitliche Regierung verfügten.

Die Perser wurden von den Griechen ebenso abfällig als Barbaren beschimpft, weil sie durch Anhäufung und Masse das zu ersetzen trachteten, was dem einzelnen an Wert fehlte, weil sie ihre persönliche Freiheit der Willkür eines Großkönigs unterwarfen und sich in einem demütigenden Zeremoniell vor jemandem im Staub wälzten, der ihnen nichts voraus hatte als den Vorrang der Geburt.

Das Problem zwischen Griechen und Persern war die völlige Verständnislosigkeit für einander.

Als Kyros 546 v. Chr. die von ionischen und dorischen Griechen besiedelte Westküste Kleinasiens eroberte und seinem Reich einverleibte, war der Zündstoff geschaffen, der das Perserreich mehrfach schwer erschüttern und 200 Jahre später vernichten sollte, als es vom griechisch-makedonischen Heer unter Alexander dem Großen erobert wurde.

Der Ionische Aufstand

Für kurze Zeit hatte es schon einmal so ausgesehen, als könne sich das gewaltige Perserreich nicht halten, als stürze es ebenso schnell in sich zusammen, wie es entstanden war.

Schuld daran war die unausrottbare Liebe der Griechen zur Freiheit.

Im Jahr 500 v. Chr. war der Aufstand der in Kleinasien beheimateten ionischen Griechen gegen die Perserherrschaft losgebrochen. Aristagoras und Histiaios, die Tyrannen der gewaltigen Handelsmetropole Milet, hatten sich an die Spitze des Widerstandes gestellt.

Unterstützt von Athen und Eritrea, waren die Griechen bis Sardes vorgedrungen, die Residenz des persischen Satrapen ging in Flammen auf.

Aristagoras (sein Titel *Tyrann* hatte noch nicht jenen Beigeschmack bösartiger Gewaltherrschaft, den wir heute mit diesem Wort verbinden, sondern hieß nur soviel wie *Alleinherrscher*) hatte gehofft, das Beispiel der ionischen Griechen werde auch die anderen von Persien beherrschten Völkerschaften zum

Freiheitskampf mitreißen. Seine Hoffnung erfüllte sich nicht. Angst, Bequemlichkeit, Gleichgültigkeit oder die Aussicht auf Vorteile unter persischer Herrschaft ließ die unterjochten Völker untätig bleiben, lediglich das uralte Kulturland Ägypten folgte dem hellenischen Beispiel – Jahre später freilich

Karte von Griechenland, der Ägäis und der kleinasiatischen Westküste.

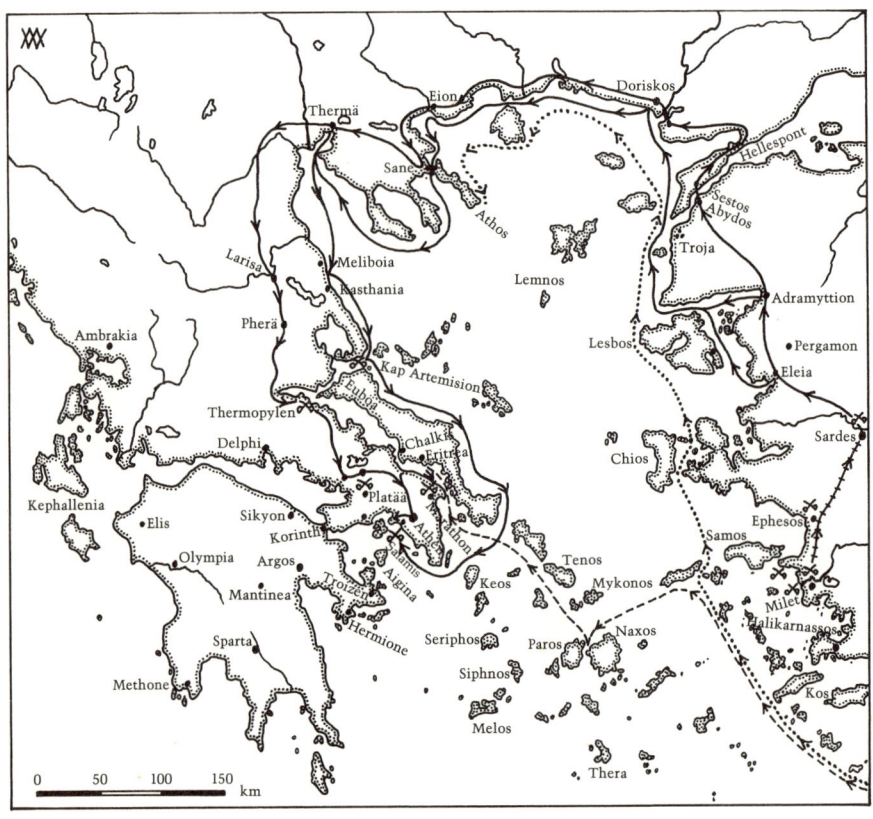

++++→ Ionischer Aufstand (500 v. Chr.)

········→ Persische Flotte unter Mardon (492 v. Chr.)

– – –→ Persische Flotte unter Datis und Artaphernes (490 v. Chr.)

———→ Persisches Heer und Flotte unter Xerxes (480 v. Chr.)

20

erst, da zur Zeit des ionischen Aufstandes seine Vorbereitungen noch in den Anfängen steckten.

So im Stich gelassen, hatten die Ionier trotz der Unterstützung Athens nicht die geringste Chance gegen die ungeheure Machtfülle der Großkönige. 498 v. Chr. wurde bei Ephesos ihr Heer, 495 bei der Insel Lade vor Milet ihre Flotte geschlagen und vernichtet. Das mächtige Milet selbst, das über Dutzende von Handelsniederlassungen im ganzen Mittelmeer gebot, wurde von den Persern im Sturm genommen und dem Erdboden gleichgemacht; was von seinen Bewohnern nicht niedergemetzelt wurde, verschleppten die Sieger in die Sklaverei.

Unvergessen seit jenem Aufstand der ionischen Griechen in Kleinasien aber wurzelte in den Köpfen der persischen Großkönige die Erinnerung an jene, die den Ioniern Hilfe gebracht, sie in ihrem Kampf unterstützt hatten: die Athener. Hier, im griechischen Mutterland, war letztlich die Wurzel des Übels zu suchen, und hier mußte man zuschlagen, wollte man die Idee der Freiheit ein für allemal ausrotten, denn Freiheit war für die Perser eine unvorstellbare Sache, geradezu etwas Widersinniges. In einem Staat, der vom Großkönig bis zum letzten Bettler straff auf Befehl und Gehorsam aufgebaut war, konnte persönliche Freiheit nur gleichbedeutend sein mit Unordnung und Verlust der staatlichen Autorität. Diese Gefahr sollte schnell und gründlich getilgt werden! »Als Dareios die Meldung erhielt, Sardes sei von den Athenern und Ioniern genommen und in Brand gesteckt worden«, notierte der griechische Geschichtsschreiber Herodot, »als er das hörte, soll er, ohne über die Ionier ein Wort zu verlieren – er wußte wohl, daß ihr Abfall sie teuer zu stehen kommen würde –, nur gefragt haben, wer denn die Athener seien. Als man ihm Auskunft gegeben hatte, soll er einem Diener den Auftrag erteilt haben, ihm stets, wenn das Mahl bereitet sei, dreimal zuzurufen: ›Herr! Vergiß die Athener nicht!‹«

Der Sieg von Marathon

Die Vernichtung der Freiheit war somit beschlossen, und Großkönig Dareios war nicht der Mann, der die Ausführung seiner Beschlüsse auf die lange Bank schob.

492 v. Chr., drei Jahre nach der Vernichtung des Ionischen Aufstandes und der

Zerstörung von Milet, ging eine gewaltige Flotte der Perser unter dem Oberbefehl von Mardon, dem Schwiegersohn des Dareios, in See.

Majestätisch segelten die zahllosen Kriegsschiffe, Truppentransporter und
Versorgungsschiffe an der kleinasiatischen Küste nordwärts und gingen vor
der Küste Thrakiens auf Westkurs.

Dann kam der Sturm.

An der steilen Felsküste und den Riffen der Halbinsel Athos zerschellte die
persische Flotte. Abertausende von Matrosen und Soldaten ertranken. Mardon
konnte sich mit wenigen Schiffen an die thrakische Küste retten.

Für das mächtige persische Reich war der Verlust dieser Flotte kaum mehr als
ein Nadelstich.

490 v. Chr., zwei Jahre später nur, segelte ein neues prachtvolles Heer des
Großkönigs auf einer neuen Flotte unter den Feldherren Datis und Artaphernes nach Westen.

Quer durch die Ägäis führte diesmal ihr Weg, über Rhodos und Naxos nach

*Miltiades, der Sieger
von Marathon.*

Griechischer Läufer auf einer schwarzfigurigen Vase.

Eritrea, das niedergebrannt wurde, während die Perser die Bewohner in die Sklaverei verschleppten.

Dann landete das persische Heer in der Ebene von Marathon und – wurde von 9000 Hopliten aus Athen und 1000 aus Platää unter dem Athener Feldherrn Miltiades vernichtend geschlagen.

Berühmt wurde in diesem Zusammenhang jener Läufer, der am Abend der Schlacht nach Athen rannte, um dort den Sieg der Hellenen zu melden. Der *Marathonlauf* der heutigen Olympischen Spiele über die historische Strecke von 42,195 Kilometer erinnert immer noch an jenen Mann, der, in seiner Heimatstadt angekommen, eben noch den Triumph der Griechen mit seinem Ausruf »nenikekames« (wir haben gesiegt) verkünden konnte, ehe er vor Erschöpfung tot zusammenbrach.

Dareios selbst gab nach der Niederlage bei Marathon den Gedanken an die Eroberung Griechenlands auf, doch seinen Sohn Xerxes ließ die Erinnerung an diese Schande nicht ruhen: Das Heer und die Flotte, die er nun aufbieten wollte, sollte alles übertreffen, das die Erde bis dahin je an Truppenmassen gesehen hatte.

Vier Jahre dauerten die Vorbereitungen, ehe sich im Sommer 480 v. Chr., genau 10 Jahre nach Marathon, das ungeheure Heer der Perser in Bewegung setzte.

Die Vorbereitungen des Feldzuges

Der erste Schauspieler betritt die Bühne.
Sein Gesicht verbirgt sich hinter der tragischen Frauenmaske, die Gestalt ist eingehüllt in den bodenlangen, golddurchwirkten Purpurmantel der Königinnen. Ehrfürchtig wirft sich der Chor der Greise zu Boden und beginnt das Wechselgespräch mit Atossa, Dareios' Gattin und Mutter Großkönig Xerxes':

> »Doch siehe! Wie aus Götteraugen ein Strahl
> Aufleuchtend, erscheint mir die Mutter des Königs,
> Die Herrin der Perser. Ich werfe mich nieder:
> Oh, der Perserfrauen höchste Herrscherin,
> Xerxes' greise Mutter und Dareios' Gattin, sei gegrüßt!«

Atossa: »Darum komm' ich und verlasse das mit Gold geschmückte Haus
Und das Schlafgemach, das ich mit Dareios einst teilte.
Sorge nagt mir am Herzen, und dies
Möcht' ich erfahren: Wo auf Erden, sagt man, liegt Athen?«

Chor: »Fern im Westen, nahe dem Untergang der herrschenden Sonne.«

Atossa: »Dennoch trägt mein Sohn Verlangen, diese Stadt zu vernichten?«

Chor: »Läge alsdann doch ganz Griechenland dem König zu Füßen!«

Atossa: »Solche Kriegermengen des Heeres steht jenen zu Gebote?«

Chor: »Wohl! Ein Heer, das schon einmal uns schlimmes Übel zugefügt.«

Atossa: »Führt es als Waffe den Bogen und den schwirrenden Pfeil?«

Chor: »Nein. Die Nahkampflanze und dazu den geschwungenen Schild.«

Atossa: »Wie denn widerstehen sie jenen, die als Feinde sich nahn?«

Chor: »So, daß sie vernichtet des Dareios' prachtvolles Heer.«

Atossa: »Wer steht als Gebieter über ihnen und befehligt dem Heer?«

Chor: »Keines Mannes Knechte oder Untertanen heißen sie.«

Durchstich durch den Athos

Und es sprach Mardon, der Schwager des Königs der Könige, Gemahl seiner Schwester Artazostra, zu dem Großkönig Xerxes:

»Zwei natürliche Hindernisse haben die Götter vor Urzeiten der Eroberung Griechenlands durch die Perser in den Weg gestellt, damit sie sich an ihnen messen und sie überwinden. Wenn es uns gelingt, die Natur zu besiegen, werden uns die Hellenen keinen Widerstand entgegensetzen können. Die Hindernisse sind der Hellespont, der Asien von Europa trennt, und der Berg Athos, an dessen Klippen schon einmal eine Flotte der Perser zerschellte und uns zur Umkehr zwang. Besiege diese Hindernisse, mein königlicher Schwager, und du hast Griechenland besiegt!«

Also befahl Xerxes, der König der Könige, eine Schiffsbrücke über den Hellespont zu schlagen und einen Kanal durch den Athos zu bauen, so daß die Flotte ihn passieren konnte, ohne seine tückischen und stürmischen Küsten umrunden zu müssen. Artachaios, der Achaimenide, und Bubares waren die Feldherren, die den Befehl erhielten, den Athos zu durchstechen.

Und Artachaios und Bubares sammelten eine große Flotte von vielen hundert Schiffen im Hafen von Elaia, und sie sammelten ein Heer von 100 000 Soldaten und Sklaven aus allen Provinzen des persischen Reiches, und sie brachten die Soldaten und Sklaven und ungeheure Mengen an Werkzeugen und Maschinen auf die Schiffe und liefen aus und landeten gegenüber Sane am nördlichen Fuß des Athos.

Jener Berg ist ein berühmtes heiliges Vorgebirge, das in das Meer nach Süden ragt wie das Schiff der Titanen aus Stein und Fels. Nach Norden verbindet ein Tal das Vorgebirge mit dem Festland, und das Tal reicht von der einen bis zur anderen Seite und ist an dieser Stelle etwa drei Kilometer breit.

Die Stadt Sane liegt in dem Tal am nördlichen Ende des Berges, und dort landeten Artachaios und Bubares und mit ihnen die 100 000 Soldaten und Sklaven, und jedes der Völker, die den Persern untertan waren, erhielt ein Stück zugewiesen, das es durchbohren sollte, und so wurde die Arbeit verteilt. Und die 100 000 begannen zu graben, zu schaufeln, zu hacken und zu bohren.

Xerxes, der König der Könige, schrieb einen Brief an den heiligen Berg, der wurde dem Athos vorgelesen und in eine Felswand eingemeißelt, damit der Berg niemals geltend machen könne, er habe den Brief nicht erhalten, und der Brief lautete:

»Göttlicher Athos, du, der du deinen Gipfel in die Wolken reckst, fordere mich, Xerxes, Beherrscher des Erdkreises, nicht länger heraus! Lege meinen Baumeistern und meinen Bausklaven nicht allzu schwierige Felsblöcke in den Weg! Einmal hast du eine persische Flotte vernichtet, deshalb werde ich dich zur Strafe durchbohren lassen. Ertrage deine Strafe in Geduld, denn wenn du es nicht tust, werde ich dich abtragen und als Schutt ins Meer werfen lassen!«

Der Berg Athos spaltete sich sehr langsam, aber er spaltete sich von dem einen Meer bis zum anderen, und es wurde dem König der Könige, der sich anschickte, von Susa nach Sardes zu ziehen, wo sich sein Heer versammelte, gemeldet, daß sich der Athos spalte, und Großkönig Xerxes schickte viele goldene Armreifen, die die Auszeichnung bei den Persern waren, an die Feldherren Bubares und Artachaios.

Die Sklaven und Soldaten gruben und bohrten und schaufelten indessen, und die zuunterst standen, brachen die Steine und Felsen los und hoben sie empor zu jenen, die über ihnen auf den Leitern standen, und diese schleppten sie zu höheren Leitern und die nächsten zu noch höheren Leitern, und so stiegen die Felsen, der Schutt und der Sand in großen Körben empor, und der Durchstich wurde tiefer und tiefer, und hinter den Sklaven und Soldaten standen die Offiziere und Unteroffiziere und ließen die Peitschen pfeifen und klatschen, denn die Perser sind sehr gute Soldaten, besonders, wenn ihre Unteroffiziere und Offiziere mit der Peitsche hinter ihnen stehen.

Die Meder und Perser gruben sehr schnell in die Tiefe, aber die Wände ihres Teiles waren sehr steil, und so stürzten oft Felsblöcke, Schutt und Sand von oben in die Tiefe über die Leitern und Sklaven hinunter. Dann mußten die Leitern neu aufgerichtet werden und der Grund neu ausgehoben, und es kreisten die Geier über dem Abschnitt der Meder und Perser, begierig nach den Leichen, die unter den Trümmern begraben waren und die nun mit den Felsen, dem Schutt und dem Sand wieder in großen Körben nach oben gereicht wurden.

Die Ägypter und Phönizier aber gruben ihren Teil sehr breit aus und vertieften ihn nach der Mitte nur langsam, und so vermieden sie Einstürze, und über ihrem Teil sah man keine Geier.

Die Feldherren Artachaios und Bubares waren sehr zufrieden mit dem Werk, wenn sie oben an dem Durchstich entlangritten, und an ihren Armen ringelten sich die vielen goldenen Armbänder, die ihnen der König der Könige geschickt hatte.

Phönizische Diere. Oben ein Relief aus dem »British Museum« in London, unten ein Modell aus dem »National Maritime Museum« in Haifa.

Die Bündnisse des Großkönigs

Xerxes, der König der Könige, hatte beschlossen, die Hellenen überall auf der Welt auszurotten, wenn sie sich nicht unterwarfen.

Nun hatten die Griechen große Teile Siziliens und Süditaliens besiedelt, und sie hatten Tochterstädte gegründet, von denen die berühmtesten Neapel, Tarent, Syrakus, Messina und Himera waren. Die Städte und Kolonien in Sizilien und Süditalien waren oftmals größer und reicher als die Städte in Griechenland, von denen aus sie gegründet worden waren, und so nannte man diese Kolonien vielfach *Groß-Griechenland*.

Und der Großkönig Xerxes schickte Gesandte und viel Gold und Silber nach Karthago, das mit den Hellenen in Süditalien und Sizilien in Feindschaft lebte. Karthago aber war eine Gründung der Phönizier, und die Phönizier waren Untertanen des Königs der Könige, und so empfingen die Karthager die Gesandten des Großkönigs Xerxes sehr freundlich.

Und die Gesandten sprachen zu den Karthagern:

»Xerxes, der Beherrscher des Erdkreises, will die Hellenen, die sich ihm zu

Karthagisches Kriegsschiff aus dem »Musée National du Le Bardo« in Tunis.

Etrusker: Links Leichtbewaffneter,
rechts Schwerbewaffneter.

widersetzen wagen, vernichten. Er schickt euch Silber und Gold in Fülle zum Bau einer großen Flotte, mit der ihr die Hellenen in Groß-Griechenland vernichten könnt. Sie haben euch immer schon Schaden getan mit ihren Piratenschiffen, und es wird von großem Vorteil sein für euch, wenn ihr sie ausrottet. Für eure treuen Dienste schenkt euch der König der Könige in seiner Güte alles Land, das ihr von den Hellenen erobert, und er schenkt euch das Land der Iberer (Spanien) im Westen, das ihr schon lange haben wollt.«

Der Großkönig Xerxes war sehr freigebig den Karthagern gegenüber, denn das Land der Iberer lag sehr weit entfernt, und so schenkte er es den Karthagern bis zu der Zeit, in der er es selbst dem persischen Reich einzuverleiben gedachte – doch das sagten die Gesandten den Karthagern natürlich nicht.

Und die Karthager dankten dem König der Könige für seine reichen Geschenke, und sie begannen, mit dem Silber und dem Gold des Großkönigs eine Flotte zu bauen und auszurüsten gegen die Hellenen in Groß-Griechenland, und weil sie gute Geschäftsleute waren, wurde die Flotte sehr teuer, und der König der Könige mußte sehr viel Silber und Gold schicken, und davon wurden die Karthager noch viel wohlhabender, als sie es ohnehin schon waren.

Und Xerxes, der König der Könige, schickte auch Gesandte zu den Etruskern, oder Tyrrhenern, wie sie auch genannt wurden. Diese wohnten in Mittelitalien, und sie galten als besonders tüchtige Piraten.

Überfall etruskischer Piraten (links) auf ein phönizisch-karthagisches Handelsschiff (rechts). Es ist dies die älteste bekannte Darstellung eines Piratenüberfalls.

Und auch ihnen schickte er viel Silber und Gold zum Bau einer Flotte und zur Ausrüstung eines Heeres, mit denen sie über die Hellenen in Groß-Griechenland herfallen sollten, und auch den Etruskern schenkte er alles Land in Süditalien und Sizilien, das er schon den Karthagern geschenkt hatte.

Die Etrusker in Veji und Vulci und all ihren anderen Städten dankten dem König der Könige für seine Geschenke. Und sie nahmen das Silber und das Gold an, das er ihnen geschickt hatte, und weil sie kein einheitliches Reich hatten, sondern in viele Stadtstaaten zersplittert waren, mußte der König der Könige den Etruskern sehr viel Gold und Silber schicken, damit auch jeder davon etwas bekommen sollte.

Und als sie alle genug bekommen hatten, forderten sie noch mehr, um davon nun die Schiffe bauen zu können, und als sie es erhalten hatten, bauten sie die Schiffe auch, doch sie fielen mit diesen Schiffen nicht über die Hellenen her, sondern über die viel reicheren Handelsschiffe der Karthager – wie sie es immer schon getan hatten, denn sie waren, wie gesagt, sehr gute Piraten – und sie machten reiche Beute.

Davon aber wußte der Großkönig Xerxes nichts.

Das bestrafte Meer

Während sich in Sardes das Heer des Königs der Könige sammelte und der Athos sich tiefer und tiefer spaltete, bauten Abertausende von Bauleuten und Soldaten an der Schiffsbrücke über den Hellespont zwischen Abydos und Sestos. Die Meerenge ist dort sehr schmal, und man verankerte Schiffe, eines neben dem anderen, und verband sie mit Tauen aus Byblosbast und mit Tauen aus Flachs. Und von beiden Ufern wuchs die Brücke Schiff um Schiff in die Meerenge hinein.

Doch als die Schiffsbrücke fast fertig war – nur das Mittelstück fehlte noch –, brach ein ungewöhnlich heftiger Sturm los, der über das Land und das Meer brauste.

Und der Sturm zerriß die Taue aus Byblosbast und die Taue aus Flachs, und er schleuderte die Schiffe gegeneinander, und er schleuderte sie gegen die Felsen des Ufers, und die Schiffe versanken in dem tobenden Meer, und viele Männer ertranken.

Dann legte sich der Sturm, gleichsam befriedigt über sein zerstörerisches Werk, und das Meer wurde wieder ruhig wie ein See.

Der Großkönig Xerxes aber war sehr zornig, als er von der Vernichtung der Schiffsbrücke hörte, und er befahl, den Hellespont zu bestrafen – er hätte wohl auch gerne den Wind bestraft, doch der weht hier und dort und läßt sich nicht leicht geißeln, der Hellespont aber sollte gegeißelt werden.

So zogen die Henker des Großkönigs zum Hellespont, und ein Herold zog mit ihnen, und alle Bauarbeiter und Soldaten wurden an den Strand von Abydos geführt, um Zeugen der Bestrafung zu sein, und der Herold las mit lauter Stimme dem Hellespont das Urteil des Königs der Könige vor:

»Süße Wasser, bittere Wasser! Euer Herr, der König der Könige, Xerxes, straft euch, weil ihr es gewagt habt, euch ihm zu widersetzen und ihn zu beleidigen. Der Großkönig Xerxes wird euch so oder so überschreiten, aber niemand wird euch je wieder ein Opfer darbringen, denn ihr seid ein trügerisches und widerspenstiges Wasser!«

Danach traten die Henker des Großkönigs Xerxes vor und zählten dem Hellespont 300 Geißelhiebe mit eisernen Ketten auf, und sie brandmarkten das Wasser mit glühenden Eisen.

Als das Wasser des Hellespont unter den glühenden Eisen nur leise zischte und unter den Geißelhieben nur flüchtig ein bißchen schäumte, begannen die Tausenden von Bauarbeitern und Soldaten erst leise, dann immer lauter zu lachen. Die Henker aber lachten nicht, sondern sie schlugen den Baumeistern der vernichteten Schiffsbrücke die Köpfe ab, und andere Baumeister erprobten ihr Können an einer neuen Brücke:

Sie ließen große und schwere Schiffe mit dreifachen Tauen aneinander festbinden, etwa 300 an der westlichen und 320 an der östlichen Seite entlang der Küste. Als die Schiffe fest miteinander verbunden waren, ließen sie die Schiffe in die Strömung hinaustreiben, bis sich das äußerste Schiff der östlichen Reihe und das äußerste Schiff der westlichen Reihe in der Mitte des Hellespont nebeneinander legten.

Und jedes der Schiffe wurde mit sechs Ankern befestigt, und zehnfache Taue verbanden sie mit riesigen Winden, die am Ufer aufgestellt waren, und eines dieser Taue war aus vier Tauen aus Byblosbast und zwei Tauen aus Flachs zusammengedreht worden.

Und als die Schiffe fest verbunden dalagen, wurden wuchtige hölzerne Stützen auf den Schiffen aufgerichtet und breite dicke Bretter darüber gelegt, und jedes dieser Bretter war eine Elle dick. Und man errichtete hohe Bretterzäune zu beiden Seiten, damit die Pferde und Lasttiere beim Anblick des Hellespont nicht scheu würden, und man bestreute die Bretter dick mit Sand, damit die Hufe guten Halt finden sollten.

Die Brücke über den Hellespont war fertig.

Phönizisches Frachtschiff. Aus solchen Fahrzeugen bestand die Schiffsbrücke über den Hellespont.

Und der Durchstich durch den Athos war fertig.

Und dies waren zwei ungeheure Werke.

Und der Erfolg wurde dem König der Könige in Sardes gemeldet, und der Großkönig Xerxes war sehr zufrieden, denn nun würde sich ihm auf seinem Zug
nach Griechenland nichts mehr in den Weg stellen können, und er ließ überall
im persischen Reich verkünden, daß Griechenland erobert sei.

Admiral Königin Artemisia

Xerxes, der König der Könige, saß auf seinem goldenen Thron in Sardes und
langweilte sich schon seit Tagen.

In einer nicht enden wollenden Prozession schritten die persischen Satrapen,
die Könige und Fürsten, die Befehlshaber seines Heeres und seiner Flotte den
langen Saal herauf, blieben 20 Schritte vor dem Thron stehen, verneigten sich
tief, streckten die Arme und Hände aus und warfen sich zu Boden.

Der Herold kündigte jeweils an:

»Ithamites, Satrap von Baktrien!«

»Otaspes, Sohn des Artachaios, Befehlshaber der Hyrkanier!«

»Damasithymos, König der Kalyndier!«

»Pharnazathes, Sohn des Artabates, Befehlshaber der Inder!«

Kaum wurden die am Boden Liegenden aufgefordert zu sprechen, begannen sie
in langer, wortreicher, blumig ausgeschmückter Rede die Zahl und die wunder-
bare Bauweise ihrer Schiffe, die Kühnheit der Besatzungen, die Anzahl der Fuß-
truppen, die außerordentlich prachtvolle Bewaffnung der Krieger und ihre Un-
erschrockenheit, die Menge der Pferde und ihre Schnelligkeit, die Masse des
Trosses, die Esel, Maultiere, Ochsen und Büffel, die Stapel der Silbertalente
und Goldstateren für die Kriegskasse, die Klugheit und Zweckmäßigkeit all
ihrer trefflichen Befehle und Anordnungen zu preisen.

Und da sie den König der Könige nicht direkt ansprechen durften – die persische
Sitte wollte es so –, berichteten sie alles Artabanos, Bruder des unvergessenen
Dareios und Oheim des Großkönigs Xerxes, der zu den Füßen des Thrones auf
seinem Sessel saß, und Artabanos berichtete es wieder wörtlich dem König der
Könige, und so mußte Xerxes alles doppelt hören. Und er ließ mit freundlichen
Worten –wieder durch Artabanos – den Satrapen, Königen, Fürsten und Befehls-
habern danken, und nur ganz selten richtete er das Wort direkt an einen von

Große Treppe aus dem Palast des Xerxes in Persepolis.

ihnen, der sich dadurch ungeheuer geehrt fühlte. So ging das Stunden und Tage und wollte kein Ende nehmen.

Der Herold rief:

»Artemisia, Tochter des Lygdamis, Königin und Admiral von Halikarnassos, Kos und Nisyros!«

Großkönig Xerxes hob die Augenbrauen.

Artemisia von Halikarnassos war groß, schlank, vielleicht dreißig Jahre alt, mit dunklen Haaren und leuchtend blauen Augen. Sie trug einen vergoldeten Schuppenpanzer, breite goldene Armbänder, vergoldete Beinschienen, ein Schwert an der linken Hüfte und einen weiten, goldgefütterten Mantel.

Leise klirrten Waffen und Rüstung, als sie sich vor dem Thron zu Boden warf.

»Sprecht, Königin Artemisia von Halikarnassos, Kos und Nisyros!« befahl ihr Artabanos.

Königin Artemisia von Halikarnassos, Kos und Nisyros. Zeichnung von Heinz Borgs nach einem antiken Vorbild.

»Ich bitte den König der Könige, mich mit dem Tod zu bestrafen.«

Oheim Artabanos war zu überrascht über diese Bitte, um sie an den Großkönig Xerxes weiterzugeben, und Xerxes war zu überrascht, um an das Zeremoniell zu denken, und fragte direkt:

»Weshalb?«

»Weil ich dem König der Könige schlecht gedient habe«, kam die Antwort. Und weil sie den Kopf zur Erde geneigt hatte, sah niemand, daß Königin Artemisia lächelte, weil es ihr gelungen war, vom Großkönig direkt angesprochen zu werden.

»Erkläre das näher!« forderte Xerxes sie auf.

»Ich habe mein Königreich so schlecht verwaltet, daß ich nun dem König der Könige nur 20 schlechte und kleine Schiffchen bringen kann . . .«

»Es sind die besten der ganzen Flotte!« raunte Mardon, der Schwager des Großkönigs und Oberbefehlshaber aller Landtruppen, dem König der Könige ins Ohr.

». . . nicht mehr als 3000 jämmerliche Sklaven, die den Namen Krieger nicht verdienen, in einem Heer wie dem des Königs der Könige . . .«

»Ausgesuchte lykische Piraten«, flüsterte Mardon, »die besten Seesoldaten in unserer ganzen Flotte!«

». . . und lächerliche 1000 Silbertalente und 10 000 Goldstateren.«

Diesmal brauchte Mardon nicht zu flüstern. Was für eine gewaltige Summe das war, wußte der Großkönig Xerxes auch so.

Der König der Könige winkte Artemisia von Halikarnassos, aufzustehen und an seinen Thron heranzutreten:

»Du hast mir so schlecht gedient, Königin Artemisia«, lächelte der Großkönig, »daß ich dir einen Ehrenplatz unter meinen Großen geben werde und deinen Schiffen einen Ehrenplatz in meiner Flotte.«

Und der König der Könige umarmte Königin Artemisia und küßte sie auf den Mund – das war die größte Ehre, die ein Perser dem anderen erweisen kann –, und Großkönig Xerxes fand diese Ehrung in diesem Fall auch noch sehr reizvoll. Zu Hause in Susa oder Persepolis hielt der König der Könige gar nichts von klugen und eigenwilligen Frauen, aber jetzt war er eben nicht in Susa oder Persepolis und fand, auf einem Feldzug könne dergleichen durchaus seine Reize haben.

An diesem Tag war Königin Artemisia von Halikarnassos sehr zufrieden.

Hüte dich vor den Ioniern!

An diesem Tag war auch Großkönig Xerxes sehr zufrieden, denn Boten brachten ihm die Nachricht, daß die Schiffsbrücke über den Hellespont fertig war.

So rief er am Abend seinen Oheim Artabanos zu sich und deutete mit schwungvoller Gebärde hinaus, wo sich in der Ebene von Sardes, so weit das Auge reichte, die Lagerfeuer seiner Truppen von einem Horizont zum anderen erstreckten:

»Nun, Artabanos, du hast das Heer gesehen. Sage mir nun die Wahrheit: Ist es wirklich stark genug, die Griechen zu vernichten und die Schmach der Niederlage meines unvergessenen Vaters Dareios von den Persern zu nehmen? Du hast als einziger von meinen Großen vor dem Feldzug gewarnt – fürchtest du Griechenland noch immer?«

Der alte Artabanos nickte:

»Ja, ich fürchte Griechenland noch immer.«

Der Großkönig Xerxes war erschreckt:

»Noch immer? Man hat sie noch nicht genau gezählt, doch man schätzt meine Flotte auf 1500 Kriegsschiffe, mein Heer auf über eine Million Männer! Wirfst

Geflügelter Stier aus dem Palast des Xerxes in Persepolis.

du meinem Heer vor, es sei nicht zahlreich genug? Meiner Flotte, sie sei nicht mächtig genug? Soll ich neue Jahrgänge aufrufen? Mehr Schiffe bauen lassen?«
Oheim Artabanos schüttelte entsetzt den Kopf:
»Wer könnte raten, daß du noch mehr Krieger versammelst, daß du noch mehr Schiffe bauen läßt? Ich fürchte Griechenland, nicht, weil das Heer zu schwach, die Flotte zu klein ist – sie sind beide zu groß! Viel zu groß! – Wo willst du Häfen finden, geräumig genug für all die Tausende von Schiffen, wenn die Stürme des Peloponnes drohen? Wo willst du Getreide finden, um all die Hunderttausende deines Heeres zu ernähren? Ich fürchte Griechenland, weil es zu arm, weil es zu klein ist!«
Der König der Könige ärgerte sich etwas über den alten Mann, aber er ließ sich nichts anmerken, im Gegenteil, er umarmte und küßte ihn:
»Fürchte nichts! Ich bin voll Vertrauen auf den Sieg! Du kehre nach Susa zurück und regiere mein Reich und mein Haus! Ich verleihe dir meine Krone und mein Zepter.«
Artabanos war gerührt über seinen Neffen und das große Vertrauen, das er ihm bewies, und doch konnte er nicht anders, als den Großkönig noch einmal zu warnen:
»Hüte dich vor den kleinasiatischen Ioniern und Dorern, die in deinem Heer und deiner Flotte sind! Führe sie nicht gegen ihr eigenes Volk in den Krieg! Um an Zahl überlegen zu sein, brauchst du sie nicht, und wenn sie mit dir ziehen, werden sie die verächtlichsten oder die gerechtesten aller Völker sein. Die verächtlichsten, wenn sie Griechenland unter deine Gewalt bringen, die gerechtesten, wenn sie für ihre Freiheit kämpfen. – An ihrer Verächtlichkeit liegt uns nichts. Ihre Gerechtigkeit kann uns großen Schaden bringen!«
Der König der Könige aber wollte auf den alten Mann nicht hören, und Artabanos kehrte nach Susa zurück.
Der Großkönig Xerxes aber und sein Heer brachen auf nach dem Hellespont.

Einmarsch in Griechenland

Mit langen, weiten Schritten umkreist der Chor der persischen Greise die Orchestra, und die Menschenmenge im Halbrund des Theaters erschauert bei den Worten, die die unabsehbaren Heerscharen des Feindes heraufbeschwören:

> »Derart, Amistres, Artaphernes auch,
> Megabates und Astaspes, im Krieg
> Der Perser Feldherrn
> Und Könige in Großkönigs Dienst,
> Befehlshaber der Heerschar, stürmen sie hin,
> Bogenbezwinger und Streiter zu Pferd,
> Gräßlich zu schauen, schrecklich im Kampf.
> Der Wagenlenker Artambares und
> Masistres, der Bogengewaltige, dann,
> Der edle Imaios, Pharandakes
> Und der Rosselenker Sostanes.
> Der große, vielernährende Nil
> Entsandte die Helden Susiskanes,
> Pegastagon, ägyptischen Blutes,
> Den großen Arsames, Herrn zu Memphis,
> Des heiligen, und Ariomardos, der
> Das altehrwürdige Theben beherrscht.
> Und des sumpfigen Deltas Ruderer zu Schiff,
> Entsetzlich und zahllos an Menge.
> Selbst der weichlichen Lyder Gewühl
> Zieht mit. Die das Festland bewohnen,
> Befehligt, beherrscht von Mitrogathes

Und dem starken Arkteus, gebietenden Herren.
Das goldreiche Sardes sendet sie aus,
Streitwagen, vierspännig, sechsspännig die Pferde,
Ein Anblick, schrecklich zu schauen.
Die wohnen am heiligen Tmolos, drohn,
Um Hellas zu schließen versklavendes Joch.
Auch Mardon und Tharybis, Meister des Speeres,
Und die Myser mit Lanzen; Babylon, reich
An Gold, schickt buntvermischtes Gewühl
In langem Zug, die da fahren zu Schiff
Und trauen der bogenspannenden Kraft.
Was immer ein Schwert trägt in Asiens Gefilden,
Ist vom Könige furchtbar entboten.
Schon aber hat hinübergesetzt
Des Xerxes städtezertrümmerndes Heer
Zu jenseitigem Lande des Nachbarn;
Quert den Sund auf flachsverbundener Brücke,
Die Bahn aus schweren Bohlen als Joch
Dem Nacken des Meeres auferlegt.«

Übergang über den Hellespont

Bei Abydos sammelte sich das Heer des Königs der Könige. Doch um eine
ordentliche Truppenschau abzuhalten, war der Strand zu schmal, und so würde
der Großkönig Xerxes nur sehen können, wie das Heer in wohlgeordneten
Kolonnen über die Schiffsbrücke zog.
Es war ein wolkenloser Tag.
Auf der Schiffsbrücke stiegen aus ungeheuren bronzenen Weihrauchbecken
Duftwolken auf. Die Planken waren mit Myrtenzweigen übersät, Lorbeer-
zweige schlangen sich um die hohen Pfähle der Umzäunung.
Als die Sonne aufging, betete sie der König der Könige inmitten seiner Feld-
herren an und brachte die vorgeschriebenen Opfer dar.
»O Ormuzd! Heilige Sonne! Wende alles von mir ab, das verhindern könnte,
daß Europa bis zu seinen äußersten Grenzen Persien untertan wird!«
Dann begann der Übergang:

Voran 10 000 Reiter, Kerntruppen, die aus allen persischen Untertanen gewählt waren, dann 10 000 Mann zu Fuß, wie die Reiter die besten Truppen des Reiches. Dann folgten die zehn heiligen Pferde aus Nisäa in Medien, wo die herrlichsten Pferde der Welt gezüchtet wurden, geschmückt mit Federbüschen, geführt von Fürsten, die als ihre Stallknechte dienten.

Dann folgte der heilige Wagen des Ormuzd. Er war leer und wurde von zehn weißen Pferden gezogen, und hinter den Pferden ging der Lenker zu Fuß. Niemand darf den Wagen besteigen, denn hin und wieder fährt Ormuzd, der höchste Gott der Perser, unsichtbar auf dem Wagen.

Dann folgte der Streitwagen des Königs der Könige, mit sechs weißen Pferden bespannt, und sein Lenker ging zu Fuß, es war der Bruder der Königin, Patiramphes, Sohn des Otanes.

Dann folgte die Harmamaxa des Großkönigs, sein überdeckter Reisewagen, in dem er sich ausstrecken konnte, wenn er vom stolzen Stehen im Streitwagen ermüdet war.

Dann folgten 1000 Lanzenträger mit goldenen Äpfeln, auf die Spitzen der Lanzen gesteckt.

Dann folgten in ihren Streitwagen die Feldherren und Oberkommandierenden, die Brüder, Vettern, Neffen und Schwäger des Königs der Könige, die großen Großen des Reiches, die nicht ganz so großen Großen und die kleinen Großen und all die anderen, die zum wimmelnden Hofstaat des Großkönigs gehörten.

Dann folgten die 10 000 Unsterblichen, und die ersten 1000 hatten goldene, die übrigen 9000 silberne Granatäpfel auf die Spitzen ihrer Lanzen gesteckt.

Dann folgten die Wagen mit jenem Teil des Harems des Königs der Könige, der ihn auf dem Feldzug begleitete, und die Wagen mit den Harems der königlichen Prinzen und den Harems der großen Großen, und dies waren sehr viele Wagen, und 10 000 ausgewählte Eunuchen begleiteten und bewachten die Wagen.

Dann folgten das Heer, das Fußvolk und die Reiterei in wohlgeordneten Kolonnen, von den klatschenden Peitschen zusammengehalten, und hinter dem Heer folgte der unendliche Troß.

Und das Heer des Königs der Könige zog sieben Tage und sieben Nächte über die Schiffsbrücke von Asien nach Europa.

Und das Heer zog über den Fluß Melas, den es leer trank, nach der Ebene von Doriskos, wo schon Dareios eine Burg gebaut hatte, als er in den Krieg gegen die Skythen zog.

Die Heerschau von Doriskos

Die Ebene von Doriskos erstreckt sich weit ausladend von den Bergen bis zum Meer hinunter.

Endlich hatte der Großkönig Xerxes einen Platz, der ausreichend weit war, um eine ordentliche Heerschau über seine Truppen und seine Flotte abzuhalten – übersichtlicher als auf dem Strand von Abydos oder auf dem lächerlich engen Hellespont.

Der König der Könige ließ sich auf seinem marmornen Thron vor der mächtigen Burg von Doriskos nieder, und um ihn versammelte sich der Ring seiner großen Großen, die Brüder, Vettern, Neffen und Schwäger, die Oberbefehlshaber und Oberbefehlshaber der Oberbefehlshaber, und um diesen Ring scharten sich die nicht ganz so großen Großen, und um diesen der Ring der kleinen Großen und ganz außen der goldfunkelnde, buntschillernde Ring der Unsterblichen.

Hinter dem Thron hockten sechs Schreiber mit langen Rollen und Schreibstiften in den Händen, um in zierlicher Keilschrift alles zu buchen. Vor dem Thron stand ein Herold, der die vorbeiziehenden Truppen und ihre Führer nennen sollte, und obwohl er gut bei Stimme war, verstanden ihn die kleinen Großen am Rande des Ringes wie immer nicht, weil sie zu weit entfernt waren.

Dann begann der Vorbeimarsch:

»Es ziehen vorbei die Perser! Es führt sie an Otanes, Schwiegervater des Königs der Könige, Vater der Königin Amestris.«

Die Perser trugen eiserne Panzer, die wie Fischschuppen geschmiedet waren, enge Hosen und Filzmützen, die Tiara genannt wurden. Sie trugen längliche Schilde, sehr große Bogen und lange Pfeile aus Schilf.

»Es ziehen vorbei die Meder! Es führt sie an Tigranes, der Achaimenide, Neffe des Königs der Könige.«

Die Meder waren ähnlich bekleidet und bewaffnet wie die Perser, denn schon unter Kyros hatten die Perser die Tracht der Meder angenommen.

»Es ziehen vorbei die Kissier! Es führt sie an Anaphes, Sohn des Otanes, Schwager des Königs der Könige, Bruder der Königin.«

Die Kissier waren bekleidet und bewaffnet wie die Perser, trugen aber eine Mitra aus geflochtenen Bronzebändern.

»Es ziehen vorbei die Hyrkanier! Es führt sie an Megapanos von Babylon.«

Die Hyrkanier waren bekleidet und bewaffnet wie die Perser, trugen aber eine Mitra aus geschmiedetem Eisen.

Persische Krieger. Von links nach rechts: Perser, Meder, assyrischer Bogenschütze mit Schildträger, Chaldäer.

»Es ziehen vorbei die Assyrer! Es führt sie an Otaspes, Sohn des Artachaios.«
Die Assyrer trugen Schuppenpanzer aus Eisen und Helme aus Eisen. Sie trugen lange Pfeile und Bogen, und neben jedem Bogenschützen ging ein Schildträger mit einem großen Schild.

»Es ziehen vorbei die Chaldäer! Es führt sie an Oarizos, Sohn des Megasidros.«
Die Chaldäer trugen Brustpanzer aus Leinwand, die in 18 Lagen übereinandergeschichtet und mit Salz und Weinhefe getränkt waren. Sie trugen hölzerne Keulen, an denen schwere eiserne Keile befestigt waren.

»Es ziehen vorbei die Baktrier! Es führt sie an Hystaspes, Sohn des unvergessenen Dareios, Bruder des Königs der Könige.«
Die Baktrier trugen bronzene Schuppenpanzer und bronzene Helme. Sie trugen kleine Bogen und ganz kurze Pfeile.

»Es ziehen vorbei die Saken aus dem Stamm der Skythen! Es führt sie an Ithamitres, Satrap von Baktrien.«
Die Saken trugen bronzene Schuppenpanzer und bronzene Helme. Sie trugen längliche Schilde und schwere Streitäxte.

»Es ziehen vorbei die Inder! Es führt sie an Pharnazathres, Sohn des Artabates.«

Sake, Inder, Parther, Kaspier, Utier.

Die Inder trugen Rüstungen aus gepreßter Baumwolle. Sie trugen Bogen aus Schilf und Pfeile aus Schilf mit eisernen Spitzen.

»Es ziehen vorbei die Parther! Es führt sie an Sisamnes, Sohn des Hydarnes.« Die Parther trugen Kettenpanzer und eiserne Helme. Sie trugen kleine Schilde und Speere mit langen Spitzen.

»Es ziehen vorbei die Chorasmier! Es führt sie an Artabazos, Sohn des Pharnakes.« Die Chorasmier waren bekleidet und bewaffnet wie die Parther, doch hatten ihre Speere sehr breite Spitzen.

»Es ziehen vorbei die Gandharier und Dadiker! Es führt sie an Artyphios, Sohn des Artabanos, Neffe des Königs der Könige.« Die Gandharier und Dadiker trugen Kettenpanzer und bronzene Helme. Sie trugen eiserne Schilde und sehr lange Speere.

»Es ziehen vorbei die Kaspier! Es führt sie an Ariomardos, Sohn des Artyphios, Großneffe des Königs der Könige.« Die Kaspier trugen lange Ziegenfelle. Sie trugen hölzerne Keulen mit eisernen Stacheln und kurze Spieße mit sehr langen Widerhaken.

»Es ziehen vorbei die Sarangen! Es führt sie an Pherendates, Sohn des Megabazos.«

44

Araber, afrikanischer Äthiopier, indischer Äthiopier, Libyer, Kappadokier.

Die Sarangen trugen keine Panzer, sondern waren in buntes Leinen gekleidet und trugen hohe Stiefel. Sie trugen kleine Schilde, doppelt geschwungene Bogen und sehr lange Pfeile.

»Es ziehen vorbei die Uticer und Mykaler! Es führt sie an Arsamenes, Sohn des unvergessenen Dareios, Bruder des Königs der Könige.«

Die Uticer und Mykaler trugen Kettenpanzer aus Bronze und bronzene Helme. Sie trugen sehr lange Schilde und kurze Wurfspeere.

»Es ziehen vorbei die Araber! Es führt sie an Hydarnes, Satrap von Ägypten.«

Die Araber trugen lange Leibröcke über den Kettenpanzern. Sie trugen lange Bogen, die sich nach beiden Seiten spannen ließen.

»Es ziehen vorbei die afrikanischen Äthiopier! Es führt sie an Arsames, Sohn des unvergessenen Dareios, Bruder des Königs der Könige.«

Die afrikanischen Äthiopier trugen Löwen- und Leopardenfelle. Sie trugen Bogen aus Palmholz und lange Pfeile aus Schilf.

»Es ziehen vorbei die indischen Äthiopier (Indiden, den Äthiopiern ähnliche indische Rasse)! Es führt sie an Hystanes, Satrap von Indien.«

Die indischen Äthiopier trugen Helme aus Pferdekopffellen mit steilen Ohren und den ganzen Mähnen. Sie trugen bunte Schilde und lange Schwerter.

»Es ziehen vorbei die Libyer! Es führt sie an Massages, Sohn des Oarizos.«
Die Libyer trugen lange Mäntel über der linken Schulter. Sie trugen Bogen aus
Palmholz und kurze Speere.
»Es ziehen vorbei die Paphlagonier! Es führt sie an Dotos, Sohn des Megasidros.«
Die Paphlagonier trugen lederne Helme, aus denen ihr geflochtener Haarschopf
heraushing. Sie trugen schwere Kriegsäxte.
»Es ziehen vorbei die Kappadokier! Es führt sie an Gobryas, Sohn des unver-
gessenen Dareios, Bruder des Königs der Könige.«
Die Kappadokier waren bekleidet und bewaffnet wie die Paphlagonier. Sie tru-
gen kurze Bogen und kleine Pfeile mit Widerhaken.
»Es ziehen vorbei die Phrygier! Es führt sie an Artochmes, Schwiegersohn des
Königs der Könige.«
Die Phrygier trugen umgeknickte Mützen aus Filz und Lederpanzer. Sie trugen
halbmondförmige Schilde, gebogene Schwerter und lange Bogen.
»Es ziehen vorbei die Lyder! Es führt sie an Artaphernes, Sohn des Artaphernes.«
Die Lyder trugen Panzer aus Bronze und Helme mit kurzen Kämmen. Sie tru-
gen runde Schilde und lange Speere.
»Es ziehen vorbei die Bithynier! Es führt sie an Bassakes, Sohn des Artabanos,
Neffe des Königs der Könige.«
Die Bithynier trugen Fuchsfelle über ihren Leibröcken. Sie trugen sehr kleine
Schilde und im Feuer gehärtete Spieße.
»Es ziehen vorbei die Chalyber! Es führt sie an Badres, Sohn des Hystanes.«
Die Chalyber trugen Helme in Form von Büffelköpfen. Sie trugen Schilde von
ungegerbtem Büffelleder und zwei Lanzen.
»Es ziehen vorbei die Kabaler, auch Mäonen oder Lasonier genannt! Es führt sie
an Artabazos, Sohn des Artabazos.«
Die Kabaler trugen lederne Panzer und bronzene Helme. Sie trugen kurze Bogen
und vergiftete Pfeile.
»Es ziehen vorbei die Moschen! Es führt sie an Tharybis, Schwager des Königs.«
Die Moschen trugen hölzerne Helme und Ziegenfelle. Sie trugen hölzerne
Schilde und kurze Wurfspieße.
»Es ziehen vorbei die Kolcher! Es führt sie an Pharandates, Sohn des Teaspes.«
Die Kolcher trugen eiserne Panzer und eiserne Helme. Sie trugen eiserne Schil-
de, doppelt geschliffene Schwerter und Wurfmesser.
»Es ziehen vorbei die Sargartier! Es führt sie an Oarizos, Sohn des Bassakes,
Großneffe des Königs der Könige.«

Phrygier, Lyder, Chalyber, Kolcher, Sargartier.

Die Sargartier trugen lederne Panzer. Sie trugen ledergeflochtene Netze, die sie über den Feind warfen, und breite Dolche.

Und sie zogen vorbei, immer 100 Mann nebeneinander in einer Reihe und zehn Reihen in die Tiefe gestaffelt, und das waren immer 1000 Mann in einem Block. Und es zogen 1200 Blöcke an dem Großkönig Xerxes vorüber, und so zählte man 1 200 000 Mann.

Und man zählte 100 000 Pferde der Reiterei und der Streitwagen, die mit alles niedermähenden Sensen ausgerüstet waren.

Doch niemand zählte je die Anzahl der Diener und Sklaven, der Eunuchen und Nebenfrauen, der Sklavinnen und Kinder all dieser Feldherren, Prinzen und Krieger. Und niemand zählte je – nachdem die Pferde der Reiterei und der Kriegswagen gezählt waren – die Kamele, die Maultiere, die Esel, die Zebras, die indischen Zughunde, die Ochsen und Büffel, die den unendlichen Troß dieses Heeres nachschleppten.

Stundenlang dauerte der Vorbeimarsch, aber der König der Könige wurde nicht müde – Großkönig Xerxes wurde des Schauspiels seiner Macht niemals müde! Die Ebene von Doriskos, vom Strand des Meeres bis zu den Bergen, war bedeckt von den Kriegern, und so weit man schaute, sah man das Funkeln der Waffen.

Der König der Könige erhob sich von seinem Thron und bestieg seinen vergoldeten Streitwagen und ließ sich zum Meer hinunterfahren, und hinter ihm drein rumpelten die Streitwagen der großen Großen und der nicht ganz so großen Großen und der kleinen Großen zum Strand hinunter.

Der König der Könige betrat sein sidonisches Prunkschiff und setzte sich auf seinen Thron unter dem Baldachin aus Goldstoff. Das Prunkschiff des Großkönigs war besonders lang und besonders hoch, und es war ganz mit Goldblech beschlagen. Mit gleichmäßigem Riemenschlag rauschte es an den Schiffen der persischen Flotte entlang:

Da lagen die Phönizier mit 350 Trieren.

Die Phönizier trugen geschmeidige Lederpanzer und bronzene Helme. Sie führten bronzene Schilde, lange Bogen und kurze Spieße.

Da lagen die Ägypter mit 200 Trieren.

Die Ägypter trugen eiserne oder lederne Panzer. Sie führten lange Schilde, große Bogen, breite Schwerter und Äxte.

Da lagen die Cyprier mit 150 Trieren.

Die Cyprier trugen bronzene Panzer und bronzene Helme. Sie führten große Schilde und doppelte Äxte.

Da lagen die Kilikier mit 150 Trieren.

Die Kilikier trugen lederne Panzer und eiserne Helme. Sie führten Schilde von Büffelleder, an denen noch alle Haare hingen, mächtige Lanzen und Keulen.

Da lagen die Pamphylier mit 30 Trieren.

Die Pamphylier sahen sehr griechisch aus.

Da lagen die Lykier mit 60 Trieren.

Die Lykier trugen bronzene Schuppenpanzer und bronzene Helme. Sie führten lange Sensen und gebogene Schwerter und galten als die gefährlichsten Piraten der Ägäis.

Da lagen die kleinasiatischen Dorer mit 30 Trieren.

Die Dorer sahen fast allzu griechisch aus!

Da lagen die Karier mit 70 Trieren.

Die Karier trugen eiserne Kettenpanzer und eiserne Helme. Sie führten wie die Lykier lange Sensen und waren fast ebenso gute Piraten.

Da lagen die Ionier mit 120 Trieren.

Die Ionier sahen geradezu ekelhaft griechisch aus!

Da lagen die Äolier mit 60 Trieren. Meder, Perser und Saken, Elitetruppen des Heeres, waren auf diesen Schiffen verteilt.

Persische Seetruppen: Phönizier, Ägypter, Kilikier, Karier, Ionier.

Neben den großen Trieren lagen die kleineren, schnellen Moneren und Dieren –
und viele davon waren immer noch größer als die größten Schiffe der Hellenen.
Dahinter lagen unabsehbar die schweren, plumpen Troßschiffe, die die Pferde,
Kamele, Zebras, Esel, Ochsen und Büffel, die Streitwagen und den Proviant für
das Heer des Königs der Könige über das Meer nach Grichenland schaffen sollten.
Und man zählte insgesamt 1230 Trieren und 1615 Dieren und Moneren; die
Troßschiffe aber zählte man nicht, weil es ihrer allzuviel waren.
Und man zählte 241 000 Krieger auf den Schiffen, die Ruderer und die Matrosen
der Troßschiffe zählte man nicht.
Das sidonische Prunkschiff des Großkönigs Xerxes fuhr die endlose Reihe der
Kriegsschiffe entlang, und der Herold schrie die Namen der Admiräle:
»Ariabignes und Achaimenes, Söhne des unvergessenen Dareios, Brüder des
Königs der Könige! Megabazos, Sohn des Anysos! Timorax, Sohn des Tima-
goras! Tetramnestos, Sohn des Megabates! Damasithymos, Sohn des Kandau-
les! Artemisia, Tochter des Lygdamis!«

Unübersehbar war die Flotte, die im fernen Grau des Horizontes verschwamm, unübersehbar wie das Heer in der Ebene von Doriskos. Und gerade diese zweifache Unübersehbarkeit stimmte den Großkönig Xerxes sehr zufrieden.

Die Tränen des Xerxes

In dieser Nacht konnte Xerxes, der König der Könige, nicht schlafen, und so stieg er auf die weite Terrasse der Burg von Doriskos und ließ sich auf seinem Thron nieder. Und er ließ all seine Großen zu sich rufen, seine Brüder und Vettern und Neffen und Schwäger und Oberbefehlshaber.

Und gemeinsam mit den Großen seines Reiches betrachtete der König der Könige die weite Ebene, auf der die Lagerfeuer seiner Krieger zahlreicher schienen als die Sterne des Himmels, und sie sahen auf das Meer hinaus, wo die Laternen an den Masten der Schiffe ebenso zahlreich schienen wie die Sterne am Himmel über ihnen, und so weit der Großkönig Xerxes zu schauen vermochte, lagerten sein Heer und seine Flotte. Da brach Xerxes in Tränen aus.

Mardon, sein Schwager und Oberbefehlshaber aller Landtruppen, warf sich vor dem Thron des Großkönigs zu Boden und fragte:

»O königlicher Schwager, Beherrscher des Erdkreises, sage uns, was dich bedrückt und weshalb du weinst.«

Da antwortete ihm der Großkönig Xerxes und deutete auf die Ebene von Doriskos hinaus und auf das Meer:

»Siehst du mein Heer und meine Flotte?«

»Ich sehe sie, mein königlicher Schwager.«

»Ich weine bei dem Gedanken, daß in hundert Jahren kein einziger von all diesen herrlichen Kriegern mehr am Leben sein wird.«

Bei diesen Worten brach auch Artemisia, Königin von Halikarnassos, Kos und Nisyros, in Tränen aus, warf sich vor dem Großkönig Xerxes zu Boden und rief:

»O Beherrscher der Erde, nicht über diese sollten wir weinen, sondern über jene, die vor ihnen waren und die nach ihnen kommen werden und denen ein grausames Schicksal verwehrt, deine Herrlichkeit zu schauen und für dich sterben zu dürfen!« Und Xerxes, der König der Könige, hob sie vom Boden auf, umarmte und küßte sie auf den Mund, was eine große Ehre unter den Persern ist.

Und der Großkönig Xerxes und Königin Artemisia weinten zusammen, und in dieser Nacht war Königin Artemisia mit sich sehr zufrieden.

Die Schlacht an den Thermopylen

Übergroß und unheimlich erhebt sich der Schatten des Dareios aus seinem Grab. Der Chor der persischen Greise sinkt in tiefer Ehrfurcht zu Boden. Die Stimme des Toten hallt durch das Theater:

Dareios: »Gefährten meiner Jugend, unter Treuen treu,
   Ihr greisen Perser. Welcher Schrecken traf die Stadt?«
Chor: »Die ganze Macht aus Persien zog davon nach Griechenland.«
Dareios: »Welcher meiner Söhne führte dort das Heer hinüber? Sprecht!«
Chor: »Der verwegene Xerxes entblößte unseres Landes weite Flur.«
Dareios: »Wagte der Unselige zu Schiff, zu Fuß den tollen Streich?«
Chor: »Beides. Zweigestaltig ist der mächt'gen Heere Angesicht.«
Dareios: »Doch wie überquerte ein so großes Heer das Meer zu Fuß?«
Chor: »Künstlich unterjochte er den Bosporus, und so entstand ein Weg.«
Dareios: »Wehe! Rasch erfüllen sich der Seher Worte, und wider
   Meinen Sohn verhängt das Schicksal das Orakel.
   Nach langer Zeit erst würden Götter selber dies vollbringen.
   Doch mein Sohn besann sich nicht und tat dies Werk im Übermut,
   Der den heil'gen Hellespont mit Banden, einem Knecht
   Gleich, schlug, ihn haltend fest in Schmiedefesseln
   Und also einen Weg schuf für sein großes Heer.«
Chor: »Wie nun, göttlicher Dareios, wohin wendest du
   Der Worte Ziel? Wie können wir, da dies geschehen,
   Das Los des Reiches nun zum besten Ziele lenken?«
Dareios: »Wenn ihr nicht Krieg führt gegen die Hellenen,
   Und wäre auch das Heer der Perser größer noch,
   Denn jenen wird zum Waffenfreund die Erde selbst.«

Chor: »Was willst du sagen? Waffenfreund auf welche Art?«

Dareios: »Durch Hunger tötet sie die allzu große Zahl.«

Chor: »Wir rüsten also einen kleinen doch erlesnen Zug?«

Dareios: »Nein, denn nicht einmal der Rest des Heeres dort
Erreicht das Heil der Heimkehr noch!«

Die Freiheit der Hellenen

Der unbedingte, uneingeschränkte, absolute Wille zur persönlichen Freiheit
war und ist der wahrscheinlich bestimmende Charakterzug des griechischen
Volkes überhaupt.
Dieser Wille zur Freiheit hat die Hellenen durch drei Jahrtausende immer wieder fremde Eroberer zurückschlagen oder die Fremdherrschaft wieder abschüt-

*Das Dionysostheater in Athen. Hier wurden die »Perser« des Aischylos uraufgeführt.
In der Mitte sieht man die Orchestra, links die aufsteigenden Sitzreihen der Zuschauer,
rechts die Reste der Bühne.*

teln lassen – und er hat sie daran gehindert, selbst einen einheitlichen Staat aufzubauen.

Der hellenische Wille zur persönlichen Freiheit hieß und heißt Demokratie und Kleinstaaterei. In einem Stadtstaat wie Athen konnte jeder Bürger die Geschicke des Staates überschauen, sie mitgestalten, mitbestimmen. Hier kam es durchaus an auf die Meinung des Töpfers Kypseles, des Webers Periandros, des Kaufherren Lysandros. Ein Gebiet wie Attika war gerade noch übersichtlich, doch was drüben, im 60 Kilometer entfernten Theben, vor sich ging, war bereits unüberschaubar, wurde von anderen bestimmt. Daher begegnete man ihm mit Mißtrauen, Ablehnung und Feindseligkeit, und was für Athen und Attika galt, war in Theben, Korinth, Sparta oder Argos nicht anders.

Als sich das Millionenheer der Perser sammelte und sich über den Hellespont nach Griechenland wälzte, war man nur sehr teilweise bereit, die eingewurzelten Vorurteile zu überwinden.

Athen und Sparta übernahmen die Führung des antipersischen Bündnisses, und ihnen schlossen sich die meisten der peloponnesischen Staaten an mit Ausnahme von Argos und Achaia, die neutral blieben. Vom übrigen Griechenland waren Phokis, Teile von Lokris und Chalkis, der Mittelteil der Insel Euböa bereit zum Kampf für die Freiheit, ebenso wie eine Anzahl der ägäischen Inseln. Neutral blieben Ätolien, der Norden Euböas und der Süden Thessaliens, während der Norden Thessaliens um Larisa, der Süden Euböas und die Inseln Andros und Paros offen mit den Persern paktierten und Böotien mit seiner Hauptstadt Theben, die alte Rivalin Athens, es nur aus Angst nicht wagte, zu den Persern überzulaufen, und vorerst neutral blieb.

Aber auch unter den verbündeten Hellenen war man sich – außer daß man seine Freiheit bis zum letzten verteidigen wolle – keineswegs einig.

Sparta galt – zu Recht – als die erste Militärmacht in Griechenland und forderte dementsprechend den Oberbefehl für sich.

Athen verfügte über die stärkste Seemacht und außerdem über Erfahrung im Kampf gegen die Perser – immerhin hatte es diese zehn Jahre vorher bei Marathon vernichtend geschlagen, während Sparta zur Schlacht zu spät gekommen war.

Als drittes wußte sich das reiche Korinth in Szene zu setzen, das sich zudem als Sprecher aufspielte für all jene kleineren Staaten des Peloponnes, die Athen ebensowenig liebten wie Sparta.

Aigina war bis aufs Messer mit Athen verfeindet und stritt mit Naxos um die

Griechische schwerbewaffnete Hopliten.
Da jedermann in Griechenland seine eigene Kriegsausrüstung bezahlen mußte, konnten sich nur wohlhabende Bürger die teure Hoplitenrüstung leisten; die Reichen mußten gar ein Schiff ausrüsten lassen, dessen Triarch (Kommandant) sie dann waren; die weniger wohlhabenden Bürger kämpften als Leichtbewaffnete; die Armen leisteten Kriegsdienst als Ruderer der Schiffe.

Führungsrolle unter den ägäischen Inseln. Auch sonst waren Mißgunst, Eifersucht, Neid, altes Mißtrauen und Rivalitäten an der Tagesordnung.

Zu diesem Problem kam weiter erschwerend hinzu, daß man sich keineswegs darüber klar war, wo und wie man dem gewaltigen Heer des Großkönigs Xerxes gegenübertreten sollte.

Wie sich schon bei Marathon deutlich gezeigt hatte, waren die schwerbewaffneten, im Nahkampf geschulten griechischen Hopliten mit ihrer strengen Disziplin und Schlachtordnung den leichtbewaffneten, von den Peitschen ihrer Offiziere in den Kampf getriebenen Horden der Perser haushoch überlegen. Doch das persische Heer war an Zahl so übermächtig, daß eine offene Feldschlacht nicht in Frage kam, und was für das Landheer zu sagen war, galt in

Griechische Leichtbewaffnete. Von links nach rechts: Schleuderer, zwei Peltasten, Bogen-schütze.

verstärktem Maß für die Flotte, deren tatsächliche Kampfkraft man noch nicht einmal hatte erproben können.

Es war also notwendig, eine günstige Verteidigungsposition zu finden, in der sich die Massen des Feindes nicht voll entfalten konnten, und hier schieden sich die Geister:

Attika, Phokis, Lokris und Chalkis waren begreiflicherweise höchst daran interessiert, die Perser möglichst weit im Norden abzufangen, ehe sie ihr eigenes Land überschwemmen konnten. Die Peloponnesier unter Führung Korinths sahen diesen Platz auf dem Isthmus von Korinth, jener Landenge, die den Peloponnes mit dem übrigen Griechenland verbindet.

In dieser kritischen Situation, die das eben geschlossene Bündnis zur Verteidigung der Freiheit zu zerbrechen drohte, war es allein die Klugheit Athens, die Hellas rettete.

Athen ordnete sich seinem größten Rivalen Sparta unter und akzeptierte den

Spartaner Eurybiades als Oberkommandierenden der Flotte und den Spartaner Pausanias als Oberbefehlshaber der Landtruppen.

Durch dieses Bündnis im Bündnis war eine eindeutige Mehrheit geschaffen, und Sparta war zudem moralisch verpflichtet, wenigstens einen Versuch zu machen, die Gebiete von Phokis und Athen vor den Persern zu schützen.

Man einigte sich darauf, die Flotte der Hellenen bei der Insel Salamis zusammenzuziehen und ein Truppenkontingent nach Norden zu schicken, das am Engpaß der Thermopylen versuchen sollte, das Heer des Großkönigs aufzuhalten.

Themistokles

Der Mann, der vor und hinter den Kulissen die Politik Athens steuerte, hieß Themistokles.

Hätte ihm der Erfolg nicht letztlich recht gegeben, sein Name stünde heute wohl für einen der größten Schurken der Geschichte.

Themistokles vereinte in seinem Charakter in hohem Maß all jene Eigenschaften, die – berechtigt oder nicht – dem griechischen Volk zugeschrieben werden: Schläue, Tapferkeit, Verschlagenheit, Gewandtheit, Redetalent, Hinterlist, Tatkraft und unbedingten Freiheitswillen. Dazu kamen Ehrgeiz, Weitblick und Skrupellosigkeit.

Fast 2000 Jahre, ehe Machiavelli geboren wurde, handelte Themistokles schon nach dem Grundsatz, daß der Zweck die Mittel heilige, und diese Mittel reichten von Überzeugungskraft über Bestechung bis zum Verrat.

In seinen jungen Jahren war Themistokles ein Tunichtgut gewesen, der so lange

Heck eines griechischen Kriegsschiffes bei der Landung.

Themistokles

Pausanias

Kimon

Aischylos

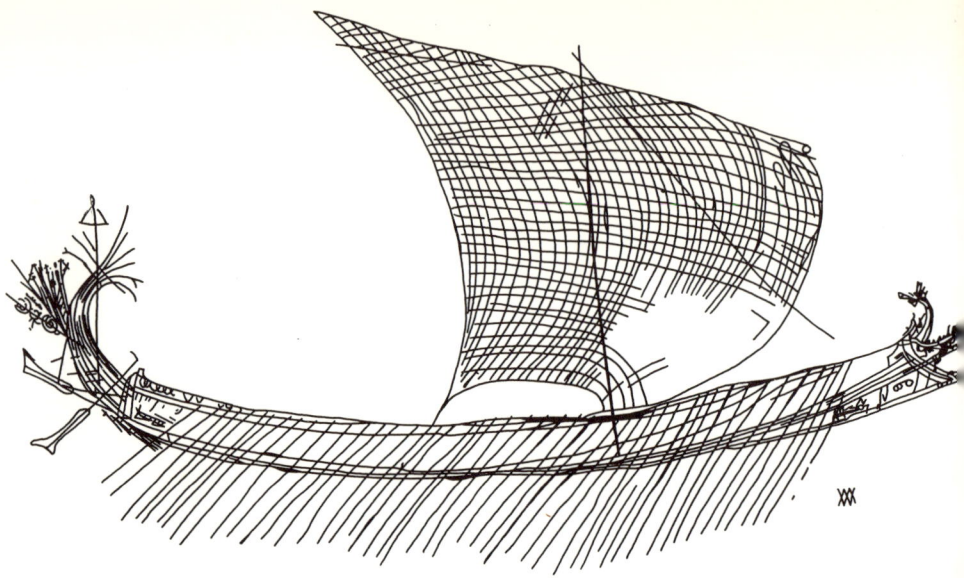

Griechische Monere, Kriegsschift mit einer Riemenreihe pro Seite. Diese Monere ist eine sogenannte Hekakontore mit 100 Ruderern, also 50 pro Seite.

mit Geld um sich warf, die nächtlichen Straßen von Athen mit einer Bande von Freunden auf seinen Streifzügen von Kneipe zu Kneipe unsicher machte und mehrfach wegen groben Unfugs mit den Wächtern der Stadt aneinandergeriet, bis ihn sein Vater Neokles enterbte und aus dem Haus warf.

Bei Marathon hatte er sich glänzend bewährt und spielte in den folgenden Jahren durch seine überragende Intelligenz eine immer größere Rolle in der Politik Athens.

Daß Sparta über die beste Landarmee Griechenlands verfügte, daran war nicht zu rütteln, warum sollte Athen nicht zur beherrschenden Seemacht werden?

Themistokles schob die Feindseligkeiten mit Aigina vor, ließ seinen größten Rivalen Aristides aus der Stadt verbannen, brachte es fertig, daß die Einkünfte aus den Silbergruben von Laurion nicht mehr an die Bürger Athens verteilt und ausbezahlt, sondern in den Bau einer Flotte gesteckt wurden, und hinderte die Athener schließlich daran, diese Flotte dafür einzusetzen, wofür sie gedacht war, zum Kampf gegen Aigina.

Als das Heer des Königs der Könige in Hellas einmarschierte, verfügte Themistokles so mit 180 Trieren über die stärkste Seemacht der Verbündeten, und

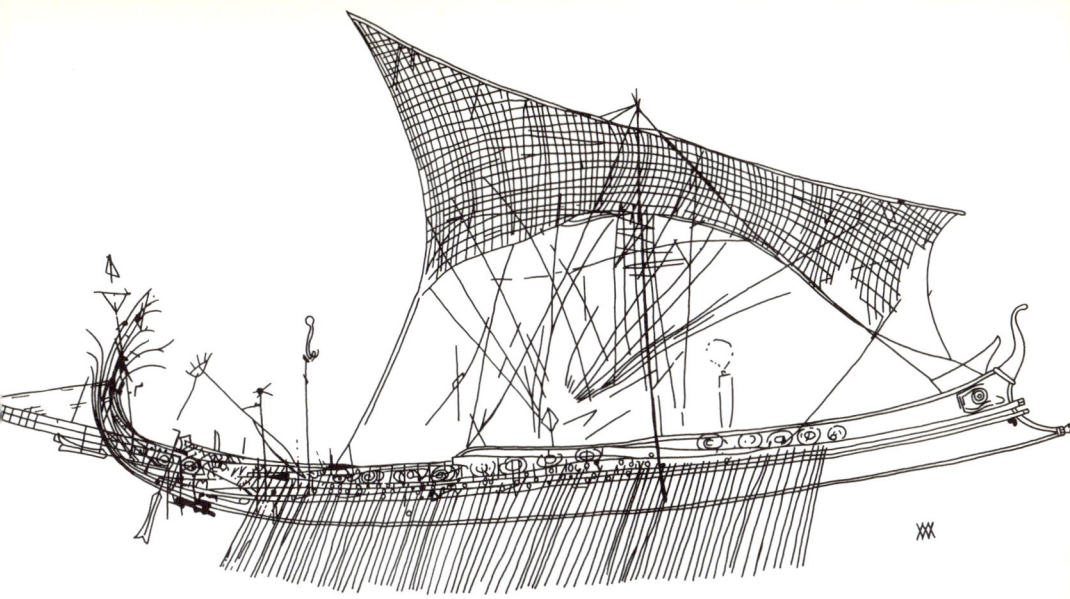

Griechische Triere, Kriegsschiff, dessen Riemen jeweils in Dreiergruppen angeordnet waren. Zu diesen Schiffen siehe auch das Kapitel über die attische Triere am Ende des Buches.

daß er sich offiziell dem höheren Alter des Eurybiades beugte und diesem den Oberbefehl überließ, obwohl die Spartaner nicht mehr als 20 Trieren aufbieten konnten, rettete nicht nur das Bündnis, sondern verschaffte Athen im Norden eine erste Verteidigungslinie.

Der Sturm

Und das ungeheure Heer des Königs der Könige brach auf von Doriskos und zog durch Thrakien, und es zog durch Makedonien, und es zog nach Thessalien.
Und überall, wo das Heer des Großkönigs vorübergezogen war, da war das Vieh geschlachtet, da waren die Felder abgeerntet, die Lagerhäuser, Keller und Speicher leer, die Bevölkerung restlos verarmt, und wenn die Menschen nicht Hungers sterben wollten, so mußten sie mit dem Heer des Königs der Könige ziehen. Die Bewohner von Thrakien und Makedonien und Thessalien luden ihre Frauen und Kinder und den Rest ihrer Habe auf Wagen und folgten dem persischen Heer, das dadurch mehr und mehr anschwoll, und es sollen, will

man den Geschichtsschreibern glauben, schließlich mehr als fünf Millionen Menschen gewesen sein, die südwärts nach Hellas zogen.

Und die Flotte des Königs der Könige folgte der Küste – immer auf gleicher Höhe mit dem Heer –, und sie gelangte an die Küste von Magnesia. Dort gab es nirgends einen Hafen, und so warfen die Schiffe Anker an der Küste zwischen Meliboia und Kasthanaia, und die Schiffe lagen in acht Reihen hintereinander, die Kriegsschiffe nahe am Strand, die Troßschiffe aber so weit draußen, daß ihre Anker kaum mehr Grund fanden.

Da brach ein gewaltiger Sturm los, der drei Tage und drei Nächte das Meer aufwühlte.

Die Befehlshaber der Kriegsschiffe ließen eilig ihre Trieren ganz auf den Strand heraufziehen, wo sie in Sicherheit waren, doch für die Troßschiffe war kein Platz mehr, und diese mußten den Sturm auf dem Meer aushalten, und sie wurden von ihren Ankern losgerissen und gegeneinandergeschleudert und auf die Felsen und Riffe der Küste geworfen, und in diesem Sturm zerschellten über 400 Schiffe.

Leonidas, König von Sparta

Wenn man von Thessalien nach Böotien und Attika reist, so muß man durch einen engen Paß zwischen Meer und steilen Felswänden, der wie ein Tor den Süden Griechenlands gegen den Norden hin abschließt: die Thermopylen, genannt nach den warmen Quellen in der Mitte des Passes. Kaum vermochte bei der Mündung des Asopos ein breiter, mit Büffeln bespannter Wagen durch den Bergspalt im Nordwesten hineinzufahren, und kaum fand dieser Wagen im Nordosten bei Alope wieder den Ausgang.

Am Mittelpaß dieser Enge erwarteten knapp 5000 Hellenen, geschart um Leonidas, den jungen König von Sparta, das Millionenheer des Großkönigs Xerxes.

Als das persische Heer an die Thermopylen herankam, schickte der König der Könige einen Späher aus, um die Stärke und die Vorbereitungen der Hellenen zu erkunden.

Und der Späher war sehr verwundert über das, was er sah:

Eine kleine Gruppe Zelte stand dort, und vor dem einen, etwas größeren saß ein Mann auf einem Felsblock, ein Bein über das andere geschlagen, das Kinn in die Handfläche gestützt, und schien nachzudenken; der Mann war blond und sehr jung, und das also war Leonidas, der König von Sparta, von dem man im persischen Heer bereits wußte.

Um ihn herum waren etwa 5000 Mann, und sie schienen guten Mutes zu sein. Da waren solche, die sich im Speerwerfen übten, andere warfen den Diskus, wieder andere liefen um die Wette, und ihr Lachen hallte von den Felswänden wider.

Außer dieser Handvoll Sonderlinge war in den Thermopylen kein Heer zu sehen. Der Späher kehrte zurück zu Xerxes, dem König der Könige, und auch dieser war sehr verwundert und ließ den Demaretos rufen, der einst König von Sparta gewesen war und nun in Verbannung am Hof des Großkönigs lebte.

Dem Demaretos wurde berichtet, was der Späher gesehen hatte, und der König der Könige fragte ihn, was er davon halte.

»Sie werden dir eine Schlacht liefern«, antwortete der verbannte König von Sparta.

»Diese wenigen Männer?« fragte der Großkönig Xerxes spöttisch.

»Frage nicht nach ihrer Anzahl, o Beherrscher des Erdkreises! Wenn sie 1000 sind, werden sie dich besiegen. Wenn sie nur 300 sind, werden sie dich trotzdem angreifen und dich daran hindern, sie zu besiegen.«

Karte der Thermopylen.

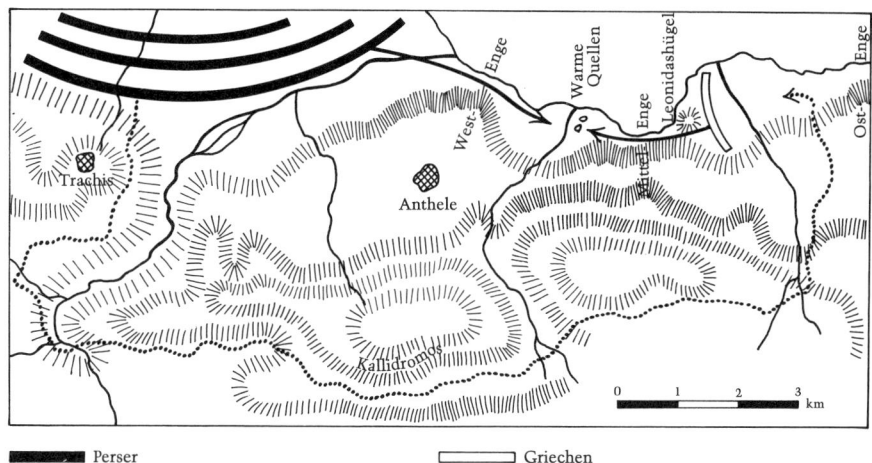

■■■■ Perser   ▭ Griechen

••••••••▸ Umgehung des Ephialtes

61

Griechischer Diskuswerfer auf
einer schwarzfigurigen Vase.

Der Großkönig Xerxes brach in schallendes Gelächter aus:
»Was treibt denn diese paar Männer in einen so aussichtslosen Kampf gegen die
Millionen meines Heeres?«
»Das Gesetz«, antwortete Demaretos.
»Das Gesetz?« fragte der Großkönig Xerxes erstaunt.
»Das Gesetz«, wiederholte Demaretos, »das ihnen verbietet zu fliehen. Nenne
mich einen Betrüger, wenn nicht das geschieht, was ich voraussage!«
Vier Tage wartete Xerxes, der König der Könige, daß die paar Hellenen vor der
unendlichen Masse seiner Krieger fliehen würden, doch sie flohen nicht.
Am fünften Tag befahl der Großkönig den Medern und Kissiern, die Griechen
samt ihrem König in Ketten vor seinen Thron zu schaffen.
Xerxes, der König der Könige, wartete den ganzen Tag, doch die Meder und
Kissier kamen nicht zurück, und andere Truppen zogen aus, um nach ihnen zu
sehen, und auch diese kamen nicht zurück, und am Abend wurde dem Großkönig schließlich gemeldet, daß man in den Paß nicht habe eindringen können,
daß aber vor dem Paß 15 000 gefallene persische Krieger lägen.
Am nächsten Tag schickte der König der Könige den Hydarnes mit den Unsterblichen und ungeheuren Massen der anderen Truppen gegen den Paß.

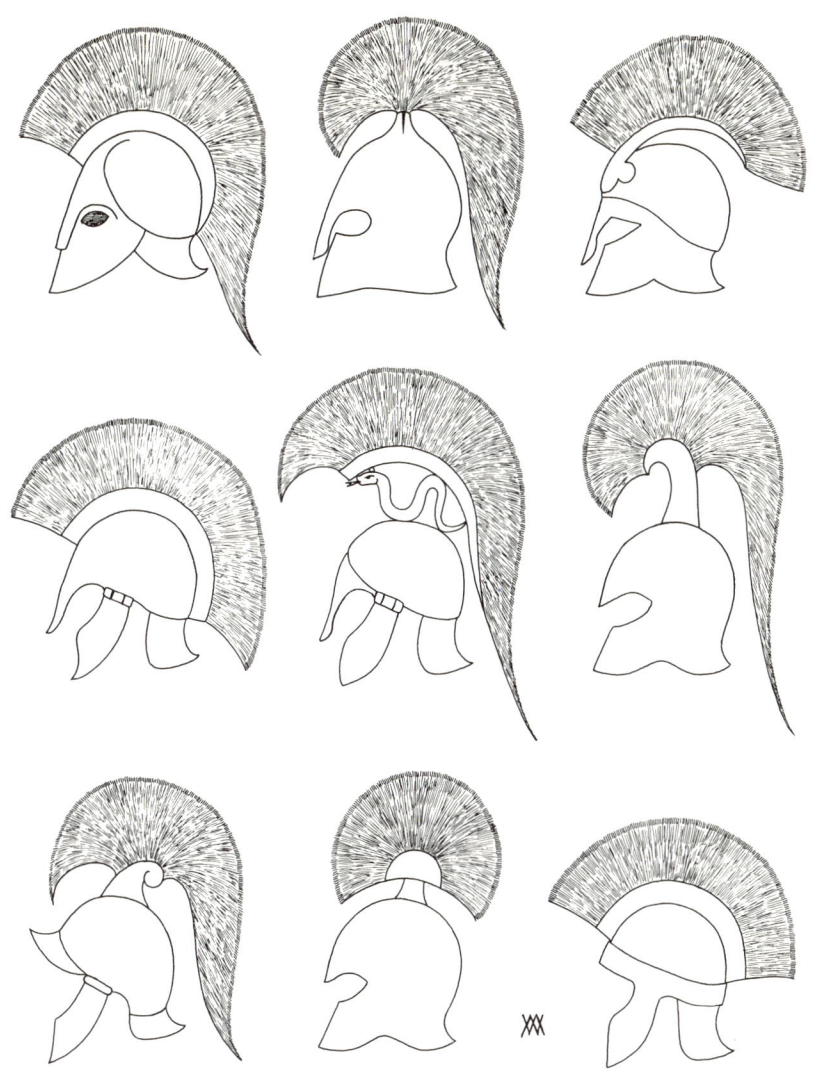

Als Hydarnes drohte, man werde solche Wolken von Pfeilen auf die Verteidiger
herunterprasseln lassen, daß davon die Sonne verfinstert würde, riefen ihm die
Hellenen spottend zu, dann würden sie eben im Schatten kämpfen.
Abertausende der persischen Kriegsvölker wälzten sich gegen den Paß heran,

doch ihre Zahl half ihnen nichts, denn der Weg durch die Thermopylen war so schmal, daß immer nur wenige Krieger gegeneinander kämpfen konnten.

Dann schienen die Hellenen zu fliehen, Schulter an Schulter zogen sie sich eilig zurück. Mit Siegesgebrüll folgten ihnen die Perser, doch plötzlich wandten sich die Griechen um und fielen mit Speer und Schwert über die Perser her und schlachteten sie ab. Dann flohen die Hellenen von neuem und wiederholten regelmäßig, fast mechanisch ihre grausame Taktik.

Schließlich, gegen Abend, war der Paß so mit Bergen von gefallenen Persern verstopft, daß Hydarnes zum Rückzug blasen mußte, und die ganze Nacht über war er damit beschäftigt, neue Unsterbliche zu rekrutieren, weil sich die Unsterblichen im Kampf mit den Hellenen als so furchtbar sterblich erwiesen hatten.

In dieser Nacht wurde der Verräter Ephialtes vor den König der Könige geführt.

Griechischer König im Kampf.

Wie das Gesetz es befahl

In dieser Nacht führte der Verräter Ephialtes die Perser durch das Paralleltal Kallidromos, das diese ohne ihn nie gefunden hätten, in den Rücken der hellenischen Verteidiger.

Als Leonidas im Morgenlicht sah, daß sie eingeschlossen wurden, entließ er das kleine Heer, nur er selbst mit seinen 300 Spartanern und 700 Thespiern blieb freiwillig zurück – sie wußten, daß sie den Abend nicht mehr erleben würden. Dann begann der Angriff des persischen Heeres.

Zu Zehntausenden drangen die Krieger, vorangetrieben von den Peitschen ihrer Offiziere und Unteroffiziere, von beiden Seiten in den Paß ein, rutschten zu Zehntausenden über die steilen Hänge herunter, vorwärtsgeschoben von den Zehntausenden, die ihnen nachdrängten.

Die Krieger des Königs der Könige fielen zu Tausenden, doch Tausende schoben sich nach, bis die langen griechischen Lanzen zerbrachen, die kurzen griechischen Schwerter an den persischen Schilden zersplitterten.

Dicht geschart um ihren König Leonidas kämpften die Hellenen mit bloßen Händen weiter, bis die Masse der hocherhobenen persischen Schilde prasselnd wie eine Woge über sie herunterstürzte, sie unter sich begrub und die persischen Spieße jeden Rumpf durchbohrten, der noch unter den Schilden zuckte, die persischen Schwerter jeden Kopf abhieben, der sich unter den Schilden hervorwand. Nicht einer der 300 Spartaner und der 700 Thespier blieb am Leben.

> »Wanderer, kommst du nach Sparta, so melde,
> Du habest uns hier liegen gesehen,
> Wie das Gesetz es befahl.«

Die Flotten bei Kap Artemision

Zur Flankendeckung von See her war für die Verteidigung der Thermopylen die griechische Flotte nach Norden ausgelaufen und lag nun der persischen Flotte bei Kap Artemision gegenüber. Sie verfügte über 288 Trieren, die Perser über 1230. Eurybiades, der Oberkommandierende der hellenischen Schiffe, wagte nicht anzugreifen und gedachte sich zurückzuziehen, obwohl die Bewohner von Euböa ihn anflehten, wenigstens so lange zu warten, bis sie Frauen, Kinder und Sklaven in Sicherheit gebracht hätten.

Doch Eurybiades befahl für den nächsten Tag die Rückkehr nach Salamis. Da gingen die Bewohner von Euböa zu Themistokles und boten ihm 30 Talente, wenn er es fertigbrächte, daß bei Kap Artemision gekämpft würde. Themistokles erschien es nicht als Verrat, sich von Hellenen für Hellas bestechen zu lassen.

Er nahm drei Talente und ging zu Adeimantos, dem Befehlshaber der Korinther, der sich bereits anschickte abzufahren, um ihn zum Bleiben zu überreden. Adeimantos nahm die drei Talente und blieb.

Themistokles ging mit fünf Talenten zu Eurybiades, und auch Eurybiades nahm das Geld an und blieb. Die restlichen 22 Talente steckte Themistokles in die eigene Tasche, und Themistokles lächelte.

Am nächsten Morgen griffen die Griechen die persische Flotte an, doch sie manövrierten sehr geschickt, so, daß sie in der Hauptsache die Troßschiffe angriffen und viele von ihnen versenkten.

Auf seiten der Perser manövrierten die großen schwerfälligen Schiffe bei weitem nicht so geschickt, so daß sie schwere Verluste hinnehmen mußten, und nur die Lykier, Karier und die Trieren aus Halikarnassos, Kos und Nisyros manövrierten sehr geschickt und schnell. Und so kam es, daß sich immer andere Schiffe der Perser zwischen ihnen und den Hellenen befanden und sie bei allem wilden Schwingen der Waffen und dröhnendem Kampfgebrüll nicht an den Feind kamen und lediglich in dem Durcheinander eine Anzahl von persischen Troßschiffen ausplünderten.

Was diese Plünderungen anbelangte, so erfuhr Xerxes, der König der Könige, davon freilich nichts. Königin Artemisia aber, die diese Geschwader der persischen Flotte kommandiert hatte, galt in seinen Augen als Heldin, und er schickte ihr viele goldene Armreifen, die als Auszeichnung galten.

In der Nacht erfuhren Eurybiades und Themistokles, daß die Thermopylen gefallen und Leonidas mit seinen tapferen Männern tot waren, und so beschlossen sie, sich mit ihren Schiffen nach Salamis zurückzuziehen.

Griechische Monere – Pentekontore (50 Ruderer).

Am Vorabend der Schlacht

Mit weit hallender Stimme beschwört der Geist des toten Dareios noch einmal Größe und Macht des persischen Reiches herauf, das nun durch seinen Sohn Xerxes in höchster Gefahr schwebt:

»So haben also sie das Werk vollbracht, das un-
Geheuerste und vermessene. Wie seinesgleichen
Niemals noch entvölkert Susas Burg und Stadt,
Seit Gott die Herrschaft eingerichtet über Asien.
So war der erste Medos, der dem Heer befahl.
Sein Sohn, als zweiter dann, vollendete das Werk,
Denn seines Mutes Steuer führte der Verstand.
Als dritter folgte Kyros ihm, der Glückhafte,
Der Frieden ringsum seinem Volke schuf.
Der Lyder und der Phrygier Volk erwarb er sich
Und machte sich mit Macht ganz Ionien untertan.
Ihn liebte Gott, denn er war rechten Sinns.
Als vierter lenkte Kyros' Sohn das Perservolk.
Als fünfter herrschte Mardis, eine Schande für
Das Land und für den alten Thron. Ihn tötete
Der edle Artaphernes im Palast durch List,
Verbündet mit Gefährten, deren Pflicht dies war.
Als siebtem fiel das Los mir zu nach meinem Wunsch,
Und oft zog ich mit einem großen Heer ins Feld,
Doch niemals schuf ich solche Schrecken meinem Reich.
Mein Sohn dagegen, Xerxes, träumt von leichten Siegen,
Und achtet nicht, was ich ihm anbefohlen hab'.

Das eine, ihr Gefährten meiner Jugend, seht ihr klar:
Wir alle, die wir diese Herrschaft ausgeübt,
Erwiesen solches Maß an Drangsal unserm Lande nie!«

Der Chor der persischen Greise steht erstarrt, erschreckt von den düsteren
Worten des toten Königs, der langsam zurück in sein Grab versinkt.

Streit der Griechen

Die Flotte der Hellenen lag wieder bei Salamis versammelt, und man zählte
die Schiffe der verbündeten Griechen:
Bei Kap Artemision vor Euböa hatten die Hellenen 30 Trieren verloren, doch
als Verstärkung kamen nun die 60 attischen Trieren hinzu, die bei Salamis
zurückgeblieben waren, und weitere 30 Schiffe der übrigen Verbündeten, so
daß die griechische Flotte nun 348 schwere Trieren zählte und dazu die 77
leichten Dieren und Moneren von Aigina, Keos, Naxos, Melos, Siphnos, Seriphos, Kythnos und Tenos als Reserve:
Trotz der Erfolge bei Kap Artemision waren sich die Griechen untereinander
uneiniger denn je.
Daß man kämpfen wolle, daß man sich bis zum letzten gegen die Perser verteidigen wolle, daran gab es noch immer nicht den leisesten Zweifel, doch
über das Wann, Wo und Wie gingen die Meinungen jetzt noch heftiger auseinander als bisher.
Die Peloponnesier, allen voran die Korinther, wollten sich endgültig hinter die
Befestigungen auf der Landenge von Korinth zurückziehen und dort den Ansturm der Perser erwarten.
Themistokles und die Athener waren strikt gegen diesen Plan. Wenn sie sich
zurückziehen würden, so würde die hellenische Flotte in offenem Gewässer
gegen die der Perser antreten müssen, die ihr trotz aller Verluste immer noch
vierfach überlegen war. Nur hier, in der Bucht von Salamis, wo sich die Masse
des Feindes nicht entfalten konnte, wäre die Chance des Sieges gegeben!
Eurybiades, der Oberkommandierende, war unschlüssig, sah die Argumente
des Themistokles zwar ein, neigte aber gefühlsmäßig mehr zu der Meinung des
korinthischen Befehlshabers Adeimantos, der die Vorstellungen der Peloponnesier vertrat.

Ruhepause auf einem griechischen Schiff.

Aristonike, die Pythia des Apolloheiligtums in Delphi, das berühmteste Orakel in Griechenland, das vor jeder wichtigen Entscheidung befragt wurde, hatte einen Spruch gesandt:

»Athener! Was bleibt ihr sitzen? Verlaßt eure Häuser! Flieht bis ans Ende der Welt! Ein Raub der Flammen wird eure Stadt werden, und der fürchterliche Kriegsgott wird auf einem syrischen Streitwagen eure Häuser und Mauern vernichten! Aber wenn der Feind sich all eures Landes bemächtigt hat, dann gewährt Zeus seiner Tochter Athene und ihrer Stadt einen Wall aus Holz! Athener, schützt euch mit einem Wall aus Holz! Und du, göttliches Salamis, wirst die Söhne der Weiber umkommen lassen!«

Ein Wall aus Holz? Die alten hölzernen Verschanzungen der Akropolis, des Burgbergs von Athen?

»Unsere Schiffe!« schrie Themistokles, »Unsere Schiffe sind der Wall aus Holz, und bei Salamis werden sie die Perser vernichten!«

Doch die übrigen Griechen zweifelten an der Auslegung des Orakels durch Themistokles, sie war wohl zu sehr nach dem Wunsch des Atheners geraten, meinten sie.

Während die Griechen aber so hin- und herstritten, segelte die Flotte des Groß-königs Xerxes südwärts an Euböa entlang, umrundete Kap Sunion und gelangte nach dem Hafen von Athen, Piräus.

Athen in Flammen

Da kam ein Boote aus Athen, trat vor Eurybiades, Themistokles und die anderen Befehlshaber und meldete:

»Die Barbaren sind in Athen! Sie haben überall in Attika die Städte erobert und zerstört. Thespiä und Platää brennen!«

Die Flottenführer waren entsetzt, und es entstand eine große Verwirrung. Viele wollten mit ihren Schiffen sogleich abfahren hinter die Landenge von Korinth, und nur die Athener verlangten, daß die Flotte bei Salamis liegenbleibe und hier den Feind erwarte. Ein griechischer Stamm gab die Schuld dem anderen, und alle machten sich gegenseitig Vorwürfe, nicht genug für die Rettung ihrer Heimat getan zu haben oder mit der Verteidigung von Salamis oder Korinth nur eigennützige Ziele zu verfolgen.

Der Bote meldete weiter:

»Athen ist verlassen. Nur wenige arme, alte Männer haben sich auf der Akropolis hinter den hölzernen Wällen verschanzt, wie es die Pythia befohlen hatte. Xerxes lagerte mit seinen Truppen auf dem Areopag, der Akropolis gegenüber, und seine Krieger wurden zerschmettert von den Felsbrocken, die jene armseligen und ruhmreichen Verteidiger auf sie hinabschleuderten, als sie sich den Heiligen Pforten näherten. Dann entdeckten die Barbaren den geheimen Durchgang zwischen den steilen Felsen, und als die Verteidiger die Perser innerhalb der Akropolis sahen, töteten sie sich gegenseitig oder stürzten sich über die Mauern hinab. Die Perser aber brannten die Burg und den Tempel nieder.«

Die Befehlshaber der Flotte waren nun fest entschlossen, Salamis zu verlassen, doch Themistokles beschwor den Oberkommandierenden der hellenischen Schiffe:

»Eurybiades, das Heil von ganz Griechenland liegt in deiner Hand! Verlassen wir die Gewässer von Salamis, so müssen wir auf offenem Meer mit der übermächtigen persischen Flotte kämpfen. Wir werden zuerst Salamis, Megara und Aigina verlieren, dann werden wir die Schlacht verlieren und schließlich ganz Griechenland. Wenn wir aber hierbleiben, werden wir in der Meerenge mit der persischen Flotte kämpfen, wo sie sich nicht entfalten kann, und wir werden einen glänzenden Sieg erringen. Wir werden Hellas retten, denn die Barbaren werden sich vor Schreck über die Niederlage zerstreuen. Wir werden die Perser hier bei Salamis vernichten! Wenn wir aber Salamis verlassen, werden uns selbst die Götter nicht mehr retten können!«

Doch Adeimantos, der Befehlshaber von Korinth, sprang auf – denn er dachte einzig an Korinth – und rief:

Schilde griechischer Hopliten.

»Themistokles, was forderst du von uns, dein Vaterland zu retten, das ohnehin nicht mehr besteht! Zeige uns dein Vaterland, Themistokles! Zeige uns deine Vaterstadt! Wo sind Attika und Athen? Sie sind in der Macht des Xerxes und der Barbaren!«

Themistokles aber donnerte den Adeimantos an:

»Athen und Attika sind da, wo sie mächtiger sind als Korinth: auf dem Deck von 180 Trieren, und kein Staat in Hellas könnte uns widerstehen, auch wenn wir uns nur noch auf unsere Flotte stützten. – Bleibe in Salamis, Eurybiades, und du rettest Griechenland! Oder verlasse Salamis, dann ziehen wir fort mit unseren Schiffen, mit unseren Frauen, Kindern und Sklaven, fort nach Süditalien und werden dort ein neues Athen, ein neues Attika errichten! Ihr aber werdet besiegt und Sklaven der persischen Barbaren werden!«

Der Verrat des Themistokles

Doch die meisten der verbündeten Hellenen waren nach wie vor der Ansicht, es sei besser, auf der Landenge von Korinth den Rest Griechenlands zu verteidigen, statt bei Salamis die Schlacht zu wagen.

Als Themistokles sah, daß seine Gegner die Mehrheit bekommen würden und die Flotte Salamis verlassen würde, ging er aus der Versammlung und rief Sikinnos, den Pädagogen seiner Kinder und seinen Vertrauten, zu sich und gab ihm sehr leise einen Auftrag.

Sikinnos, der Pädagoge, begab sich zum Hafen, nahm ein kleines Boot und zwei Männer, die dem Themistokles treu ergeben waren, und segelte davon.

Er umrundete das Vorgebirge Kynosura, glitt an der Insel Psyttaleia entlang und steuerte nach Piräus.

Dort aber lag die Flotte des Königs der Könige in ihrer ganzen ungeheuren Ausdehnung.

Sikinnos rief den Persern zu, er wolle mit dem König der Könige sprechen, denn er bringe eine Botschaft des Flottenbefehlshabers von Athen.

Und Großkönig Xerxes befahl, den Pädagogen zu bringen. Doch da er von Mardon, seinem Schwager, zur Vorsicht ermahnt wurde, umringte den König der Könige ein dichter Wall von Unsterblichen, und auch den Sikinnos umringte ein dichter Wall von Unsterblichen, und so sah der Großkönig Xerxes den Pädagogen nicht, und der Pädagoge sah den Großkönig nicht hinter den glänzen-

Landung eines griechischen Schiffes. Fragment einer schwarzfigurigen Vase.

den Rücken der Unsterblichen. Und nur seine Stimme war zu hören, als er sprach:

»O König der Könige! Themistokles ist dir wohlgesinnt, und er wünscht, daß du siegst! Die Hellenen beraten voller Verzweiflung, wie sie deiner siegreichen Flotte entgehen können. Sie wollen die Nacht abwarten und dann die Flucht ergreifen und die Meerenge von Salamis verlassen. Greife sie sogleich morgen früh an, o Beherrscher des Erdkreises, und dein Triumph wird unvergeßlich sein über die verbündeten Hellenen, die sich niemals einig sind und sich gegenseitig bekämpfen. Schließe sie in der Meerenge ein, damit ihre Flotte nicht entwischen kann, und morgen wird der Lohn ein ungeheurer Sieg sein!«

Sikinnos, der Pädagoge, fuhr nach Salamis zurück, und er dachte an die Belohnung, die ihm Themistokles versprochen hatte, wenn der Verrat gelang: viel Geld und später, nach dem Krieg, das Bürgerrecht von Thespiä.

Großkönig Xerxes bestieg sein sidonisches Prunkschiff, das ganz vergoldet war, und er setzte sich auf seinen Schiffsthron aus Gold, und um ihn versammelten sich all seine großen Großen und die nicht ganz so großen Großen und die kleinen Großen und die Befehlshaber und Oberbefehlshaber und Oberbefehlshaber der Oberbefehlshaber. Und die kleinen Großen mußten sich sehr eng an die Reling quetschen und hörten wie immer nichts – aber, wie gesagt, das war auch unwichtig, denn sie stimmten ja ohnehin immer mit den großen Großen und dem König der Könige überein.

Und Mardon, der Schwager des Großkönigs und Befehlshaber aller Landtruppen, berichtete von der Botschaft des Sikinnos, und dann fragte er einen nach dem anderen von den großen Großen, was seine Meinung wäre, und er berichtete diese dem König der Könige, und der Großkönig Xerxes ließ jedem der großen Großen durch Mardon für seinen Rat danken.

Und es sprachen Ariabignes und Achaimenes, Söhne des unvergessenen Dareios, Brüder des Königs der Könige, Oberbefehlshaber der Flotte des Großkönigs Xerxes:

»Majestät, königlicher Bruder. Ist es denn notwendig, eine Seeschlacht zu schlagen? Sind wir nicht die Herren von Athen? Haben wir denn nicht unser Ziel erreicht? Wird nicht der Rest Griechenlands auch ohne diese Schlacht in unsere Hände fallen? Wenn unser Heer in den Peloponnes einrückt, werden die Peloponnesier ruhig in Salamis bleiben? Oder werden sie auslaufen und einzeln von uns abgefangen und vernichtet werden?

Wenn wir sie aber in der Meerenge von Salamis einschließen, werden sie nicht kämpfen wie Ratten, die, in die Enge getrieben, sogar Menschen anfallen? Ist die Schlauheit und Doppelzüngigkeit der Hellenen nicht sprichwörtlich? Weißt du, o königlicher Bruder, ob jener Bote des Themistokles die Wahrheit sprach? Weißt du, ob er uns nicht in eine Falle locken will?«

Die großen Großen und die kleinen Großen und die Befehlshaber der Flotte murmelten beifällig, denn Ariabignes und Achaimenes waren sehr große Große.

Doch in diesem Augenblick lachte Königin Artemisia von Halikarnassos laut auf.

Und der Großkönig Xerxes wandte sich zu ihr und sprach sie freundlich – ohne die Vermittlung des Mardon – an:

Mardon

Artabanos

Ariabignes

Achaimenes

»Artemisia, Königin von Halikarnassos, Kos und Nisyros, die du bereits bei Euböa eine Heldin inmitten von uns allen warst, du lachst? Weshalb?«

»Großkönig Xerxes, Beherrscher des Erdkreises, deine Krieger sind die tapfersten Krieger der Erde, vorausgesetzt, daß ihre Offiziere und Unteroffiziere mit der Peitsche hinter ihnen stehen; aber auch deine Oberbefehlshaber und Großen sind offenbar nur gute Oberbefehlshaber und Große, wenn man mit der Peitsche hinter ihnen steht!«

Achaimenes und Ariabignes, Söhne des unvergessenen Dareios und Brüder des Königs der Könige, wollten zornig auffahren, doch da sie sahen, daß der Großkönig Xerxes der Königin Artemisia huldvoll zulächelte, lächelten sie ebenfalls freundlich, und Königin Artemisia fuhr fort:

»Welche Gründe dieser Themistokles aus Athen auch immer für seinen Verrat haben mag – wahrscheinlich erhofft er sich als Lohn einmal, wenn du Griechenland vernichtet haben wirst, den Glanz deines Gesichtes erblicken zu dürfen, o König der Könige –, aber wie dem auch immer sei, solltest du die Vorteile seines Verrates nützen! Hast du denn gezögert, den Rat des Verräters Ephialtes anzunehmen, obgleich die Gefahr eines Hinterhaltes durchaus nicht von der Hand zu weisen war? Wieviel mehr solltest du dem Verräter Themistokles trauen, wo der Vorteil so offensichtlich ist, daß es dieses Verräters gar nicht bedurft hätte!

Die Stärke der Hellenen ist ihre Flotte – vernichte sie, und Hellas wird keinen weiteren Widerstand wagen. Du hörst, daß sie fliehen wollen – welches Zeichen der Schwäche! Sie zittern vor dir und deiner gewaltigen Flotte – also versperre ihnen den Ausweg und erobere Hellas an einem einzigen, ruhmreichen Tag!

Der Rat des Themistokles soll eine Falle sein? Vergib, daß ich gelacht habe, aber wie sollte die winzige, lächerliche Flotte der Hellenen unserer Flotte eine Falle stellen in einem übersichtlichen Gewässer, dessen Ausgänge wir selber bewachen und wo wir sie mit vierfacher Übermacht zu einer Schlacht zwingen, vor der sie selber zittern?«

Die großen Großen und die kleinen Großen und die Befehlshaber der Flotte murmelten beifällig, denn Xerxes, der König der Könige, schien Wohlgefallen an den Worten der Königin Artemisia zu finden.

Und so beschloß Xerxes, der König der Könige, dem Rat des Themistokles zu folgen und die Flotte der Hellenen bei Salamis zu vernichten, und all die großen Großen und die nicht ganz so großen Großen und die kleinen Großen

Greif aus dem Palast des Xerxes in Persepolis.

und die Befehlshaber und Oberbefehlshaber und Oberbefehlshaber der Ober-
befehlshaber murmelten beifällig.
Und der Großkönig Xerxes war sehr zufrieden.
Nur Mardon, der Schwager des Königs der Könige und Oberbefehlshaber aller
Truppen, wagte noch, Zweifel zu haben, da sich die persische Flotte bei Kap
Artemision so schlecht geschlagen hatte.
Doch der Großkönig Xerxes lächelte freundlich:
»Ich weiß, daß wir letzten Monat bei Euböa nicht allzu glücklich waren –
trotzdem haben wir die Griechen in die Flucht geschlagen. Unsere Seetruppen
haben zwar nicht ganz ihre Pflicht getan und die Griechen vernichtet, aber
ich kenne auch den Grund dafür: Weil ich selber nicht dabei war! Die Seeschlacht von Salamis aber werde ich selber ansehen – man gebe Befehl, daß
mein Thron an einem günstigen Punkt des Berges aufgestellt werde –, und
wir werden die kleine Flotte der Hellenen vernichten, denn die Truppen werden vor meinen Augen ganz anders kämpfen als bei Euböa!«

Die Hellenen in der Falle

Es wurde Nacht – eine mondlose, sternklare Nacht.

Und es hoben sich da geräuschlos die Hunderttausende von Riemen der Flotte des Königs der Könige. Ganz vorsichtig tauchten sie in das kaum bewegte Wasser und hoben sich wieder, tauchten ein, hoben sich, tauchten ein...

Der westliche Flügel der Flotte des Großkönigs Xerxes schob sich von Piräus aus hinter der Insel Psyttaleia vorbei bis an das Vorgebirge Kynosura. Sie drehten ihre Schnäbel nordwärts, Schiff neben Schiff. Die Meerenge von Salamis war verschlossen, die Hellenen und ihre Flotte gefangen.

Und das östlich liegende Gros der Flotte des Königs der Könige hob seine Riemen und trieb ebenso leise rechts an der Küste entlang in die Meerenge hinein und ordnete sich in einem riesigen tödlichen Halbrund zur Schlacht.

Und Xerxes, der König der Könige, war sehr zufrieden, als ihm gemeldet wurde, daß die Flotte der Hellenen gefangen sei und seine eigene ungeheure Flotte bereitliege zur Schlacht, zur Vernichtung der wenigen hundert griechischen Schiffe.

Themistokles stand am Bug seines Schiffes und lauschte in die Nacht, um zu ergründen, was sich auf seinen schlauen Verrat hin ereignen würde.

Und Themistokles lächelte.

Die Befehle der Königin Artemisia

Mitten in der ungeheuren Masse der Flotte des Großkönigs trieb mit leisem Riemenschlag die *Lykos*, das Flaggschiff der Königin von Halikarnassos, Kos und Nisyros.

Und am Heck der *Lykos* stand Königin Artemisia, eine wunderbar gearbeitete Schale aus purem Gold in der Hand, und betete:

»Ihr Götter, verleiht Sieg und Schutz allen, die von hellenischem Blut und Stamme sind!«

Die Goldschale blitzte auf, als sie in die Wellen schlug und langsam versank. Dann wandte sich Königin Artemisia um und setzte sich wieder auf ihren Thron, der auf dem Deck des Schiffes stand, und der von einem Wolfsfell bedeckt war, und winkte Diomedes, ihren Triarchen und Vertrauten, zu sich, und es lag ein wilder Triumph in ihrer Stimme:

Lykisches Piratenschiff aus dem »Bölge Müzesi« in Adana.

»Morgen wird die Flotte des Feindes vernichtet werden, Diomedes! Morgen werden die Götter ihren Zorn ausschütten über die persischen Barbaren, die unsere Heimat versklavt haben!«

»Du hast das Vertrauen des Xerxes gewonnen, Königin...«

»Und ich bete, daß mir dieses Vertrauen erhalten bleibt! – Das Reich der Barbaren wird nicht durch eine einzige Schlacht vernichtet werden, und noch ist Halikarnassos ein Teil des Perserreiches.«

»Königin, die persische Flotte ist so gewaltig, sie wird die Athener und ihre Verbündeten mit ihrer Masse erdrücken!«

Artemisia von Halikarnassos lachte leise:

»Nur sich selbst wird die persische Flotte mit ihrer Masse erdrücken! Ja, wenn sie kühn vorpreschen und angreifen würde, dann könnte sie siegen. Aber wer

Lykische Elitepiraten.
Von links nach rechts:
Bogenschütze, Schwer-
bewaffneter, Triarch
(Kommandant einer
Triere).

in dieser Flotte ist bereit zum verwegenen Angriff? Die Phönizier vielleicht,
diese Krämer, die jedem Pfeil nachrechnen, wieviel schönes Geld er ge-
kostet hat, ehe sie ihn verschießen? Die Ägypter, die eine uralte Kultur haben
und die barbarischen Perser verachten und hassen? Die Ionier oder Dorer, die
selbst Griechen sind? Die Karier, die Lykier, die Cyprier, die Pamphylier, die
gezwungen wurden, in diesen Krieg zu ziehen, den sie nicht wollten? Wir alle
sind doch nichts weiter als Sklaven der persischen Barbaren, oder glaubst du,
Xerxes, der mir jetzt sein Vertrauen schenkt – möge er es zu seinem Unheil
noch lange tun! – würde auch nur einen einzigen Augenblick zögern, mich
ans Kreuz schlagen zu lassen, wenn ich nicht die bis in den Tod ergebene
Dienerin spielte?«

»Wenn morgen die Hellenen nicht siegen, dann ist Griechenland für alle Zeit
verloren ...«

»Sie werden siegen, Diomedes! Dieser Athener Themistokles hat sein Netz
klug ausgelegt – und ich habe ihm die Fische hineingetrieben! Rufe jetzt
meine Triarchen und Offiziere zusammen.«

Die Triarchen der Schiffe aus Halikarnassos, Kos und Nisyros traten vor ihre
Königin, und es schimmerten ihre Schuppenpanzer und ihre Helme, und um

80

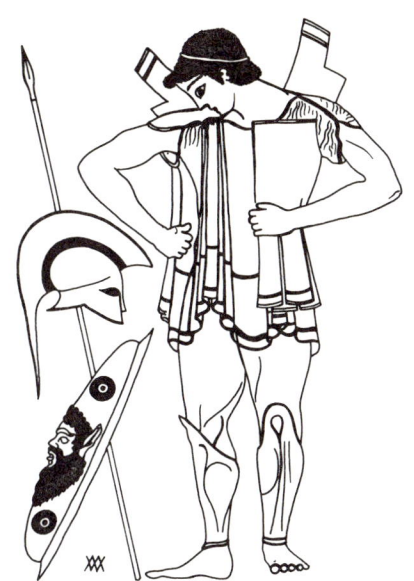

Sich rüstender Hoplit. Über den Chiton (Unterkleid) wird der bronzene Panzer angelegt, dessen Achselklappen auf diesem Vasenbild hinter den Schultern des Kriegers noch in die Höhe ragen. Bronzene Beinschienen, Helm, Schild, Lanze und Schwert (hier nicht zu sehen) vervollständigten die Ausrüstung.

die Schulter – wie Mäntel – trugen sie Wolfsfelle, und sie waren ihrer Königin blind ergeben.

Königin Artemisia befahl ihren Triarchen:

»Die Schiffe aus Halikarnassos, Kos und Nisyros werden morgen in der Schlacht vor den Augen des Xerxes wie Helden kämpfen! Sie werden wild angreifen, die Männer werden brüllen und heulen und Wolken von Pfeilen abschießen – aber sie werden keinen Hellenen töten oder verwunden! Dies ist mein ausdrücklicher Wille und Befehl: Wir werden morgen den Griechen nur einen Scheinkampf liefern. Sollte aber ein hellenisches Schiff von den persischen Barbaren oder ihren Verbündeten erobert werden, so greift es an, versenkt oder erobert es, doch achtet dann darauf, daß keiner der Barbaren am Leben bleibt!«

Die Triarchen aus Halikarnassos, Kos und Nisyros nickten verstehend und Königin Artemisia fuhr fort:

»Wir selbst sind Hellenen, und wir werden unser Schwert nicht erheben gegen unsere Brüder! Morgen kämpfen wir nur dafür: für Halikarnassos, das leider noch unvermeidliche Vertrauen des Xerxes und – für unsere Freiheit!«

Im Osten dämmerte der Morgen herauf.

Salamis

Nach unserer Zeitrechnung war es der Morgen des 29. September 480 vor Christi Geburt.

Von Aigina kam ein kleines Boot nach Salamis, das sich durch die Reihen der persischen Flotte geschlichen hatte, und an Bord dieses Bootes kam Aristides, der auf Betreiben des Themistokles einst aus Athen verbannt worden war.

In der höchsten Not hatten Athen und die anderen griechischen Städte ihre Verbannten zurückgerufen und ihnen zugesichert, daß die Urteile gegen sie aufgehoben würden, wenn sie gegen die Perser kämpfen wollten.

Aristides hatte begeistert von dieser Gelegenheit Gebrauch gemacht.

Vor dem Saal, in dem die Befehlshaber der Hellenen immer noch stritten, was zu tun sei, zu bleiben oder sich nach Korinth zurückzuziehen, trafen sich die Feinde Themistokles und Aristides.

»Die Hellenen wollen fliehen?« fragte Aristides.

»Ja«, antwortete Themistokles.

»Sie können es nicht. Die persische Flotte hat uns umzingelt, ich sah es mit eigenen Augen, als ich von Aigina kam. Eurybiades und die Korinther können dieses Gewässer nicht verlassen, auch wenn sie wollten.«

Da umarmte Themistokles den Aristides, und an diesem Morgen schlossen die beiden Feinde Freunschaft.

Dann betraten sie den Saal, und Aristides berichtete, was er gesehen hatte. Als Aristides geendet hatte, stand Themistokles hochmütig auf und sagte: »Dies ist mein Werk!«

Die Schlacht bei Salamis

Chor: »Doch sieh! Genaue Botschaft hör'n wir bald.
Daß der ein Perser ist, kennt man am Lauf,
Und was er bringt, ist sich're Kunde uns.«

Ein Bote stürzt herein, umrundet im Lauf die Orchestra, eilt die Stufen zur
Bühne hinauf, wirft sich der Königin Atossa zu Füßen.

Bote: »Weh! Ihr Städte des gesamten Asiens! Weh!
O persisches Gebiet und Reichtums weiter Hort!
Wie ist dein reicher Segen durch einen einzigen Schlag
Zerstört! Der Perser Blüte ist gefallen und dahin!
Die ganze Heerschar Persiens ging zugrunde.«

Chor: »Schreckliche, klägliche,
Gräßliche Kunde!
Weinet und heulet
Ob solchen Jammers!«

Bote: »Von elend hingemetzelten Leichen sind erfüllt
Die Ufer von Salamis und aller Strand.«

Chor: »Wehe! Weh! Vom Meer
Gewirbelt die Leiber der Lieben und auf-
Geschwollen, sagst du, so treiben dahin
Zwischen Trümmern der Schiffe die Toten?«

Bote: »Da halfen uns die Bogen nicht. Da ging zugrunde,
Bezwungen von der Schiffe Stoß, das ganze Heer.«

Atossa: »Doch wie fing das Treffen an? Sage mir's.
Wer begann das Morden in der Schlacht?«

Bote: »Ein Fluchgeist war's, ein böser Dämon sicherlich!
Aus der Athener Lager nämlich kam ein Mensch,

Ein Grieche, und sagte unserem König Xerxes dies:
›Sobald die Dunkelheit der schwarzen Nacht herauf-
Gekommen, verweilen die Hellenen länger nicht.
Sie springen auf das Deck der Schiffe und retten sich,
Der hier-, der dorthin in verstohlner Flucht davon.‹
Xerxes ahnte nichts von einer List des Griechen
Und gab, nachdem er dies gehört, alsbald
An alle Führer seiner Schiffe den Befehl:
›Sobald der Sonne Strahl das Land nicht mehr erhellt,
Teilt das Gedräng der Schiffe in drei Gruppen, und
Verriegelt wohl die Ausfahrt und den meerdurchrauschten Sund.
Entrinnen die Hellenen ihrem schlimmen Los
Und finden heimlich dennoch einen freien Weg
Zur Flucht, so werdet, Feldherrn, ihr den Kopf verlieren!‹
So sprach er allzu wohlgemuten Sinnes, denn
Was ihm die Götter vorbestimmt, das wußt' er nicht.
Und als die Nacht kam, ging ein jeder auf sein Schiff.
Geschwader gab die Losung dem Geschwader weiter,
Und jeder fuhr, so wie es ihm befohlen war.
Das ganze Schiffsvolk ruderte die Nacht hindurch
Nach dem Befehl des Herrn die Schiffe hin und her.
Doch es verstrich die Nacht, und nirgends schickte sich
Das Heer der Griechen zu verstohlner Ausfahrt an.«

Aufmarsch der Flotten

Nordwestlich von Piräus ragt eine viereckige Halbinsel, das Korydallos-Gebirge, wie ein gewaltiger Schiffsbug weit ins Meer, von den Göttern vor Urzeiten geschaffen, damit Xerxes, der König der Könige, einst hier thronen konnte, um die Seeschlacht von Salamis anzusehen.
Wie einen Wall von goldenen Schilden und Lanzen hatte Hydarnes die Unsterblichen an den vier Seiten der Halbinsel aufgestellt.
Der Großkönig Xerxes saß in goldener Waffenrüstung auf seinem goldenen Flottenthron, und um ihn herum hatten sich die zahllosen Brüder, Vettern, Neffen und Schwäger, die Großen aller Abstufungen, die Anführer des Heeres

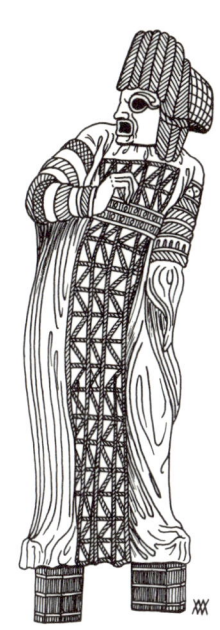

Schauspieler in einer tragischen Rolle. Maske, weite, fließende Gewänder und Kothurne (Schuhe mit bis zu 25 cm hohen Sohlen) ließen die Gestalt größer erscheinen.

und die Oberbefehlshaber versammelt, und es war wie eine Woge gleißenden Goldes, die den Abhang des Felsens bedeckte, entlang der steinernen Treppe, die zum Meer hinunterführte.

Vor sich, von West nach Ost, sah der König der Könige auf dem ruhigen Wasser unter strahlend blauem Himmel die Unendlichkeit seiner Flotte.

Und Xerxes, der König der Könige, war sehr zufrieden.

Ganz rechts draußen lag das 1. Geschwader der Perser mit 200 Schiffen der Phönizier, die riesigen Penteren (Fünfruderer) aus Sidon und Tyrus darunter, und den 30 Schiffen der Pamphylier. Megabates und Megabazos hatten hier den Oberbefehl, und ihnen zur Seite standen die Könige von Tyrus und Sidon sowie Prexaspes, König von Asthianene, und Tetramnestos, Sohn des Megabates.

Daneben lag das 2. Geschwader mit 200 Schiffen der Ägypter, geführt von Ariomardos, dem Herrn des hunderttorigen Theben, Arkteus, Adeues und Pharnuchos, und 100 Schiffen der Kilikier, geführt von Dadakes, Sohn des Amphistreus. Achaimenes, der Sohn des Dareios und Bruder des Königs der Könige, führte hier den Oberbefehl.

Ihnen schloß sich an das 3. Geschwader mit 120 Schiffen der kleinasiatischen Ionier und 30 Schiffen der kleinasiatischen Dorer unter ihren Anführern Theomestor, Phylakos, Matallos, Laomedon und Dikaios, und an der linken Flanke befehligte Königin Artemisia von Halikarnassos.

Ariabignes, Sohn des Dareios und Bruder des Königs der Könige, befehligte dieses Geschwader.

Um die Treue der Ionier zu gewährleisten, lag hinter ihnen das Geschwader der Lykier mit 60 Schiffen unter dem Befehl ihrer Fürsten Gorgos und Timorax.

Ihnen zur Linken schloß sich an das Geschwader der Karier mit 70 Schiffen,

Plan des Aufmarschs der Flotten.
Griechen: I: 1. Geschwader, II: 2. Geschwader, III: 3. Geschwader, IV: Reservegeschwader. T: Themistokles, E: Eurybiades.
Perser: 1: phönizisches Geschwader, 2: ägyptisch-kilikisches Geschwader, 3: ionisches Geschwader, 4: lykisches Geschwader, 5: karisches Geschwader, 6: Sperrgeschwader.
X: Thron des Xerxes, M: Megabates, Ac: Achaimenes, Ar: Ariabignes, AH: Artemisia, D: Damasithymos.

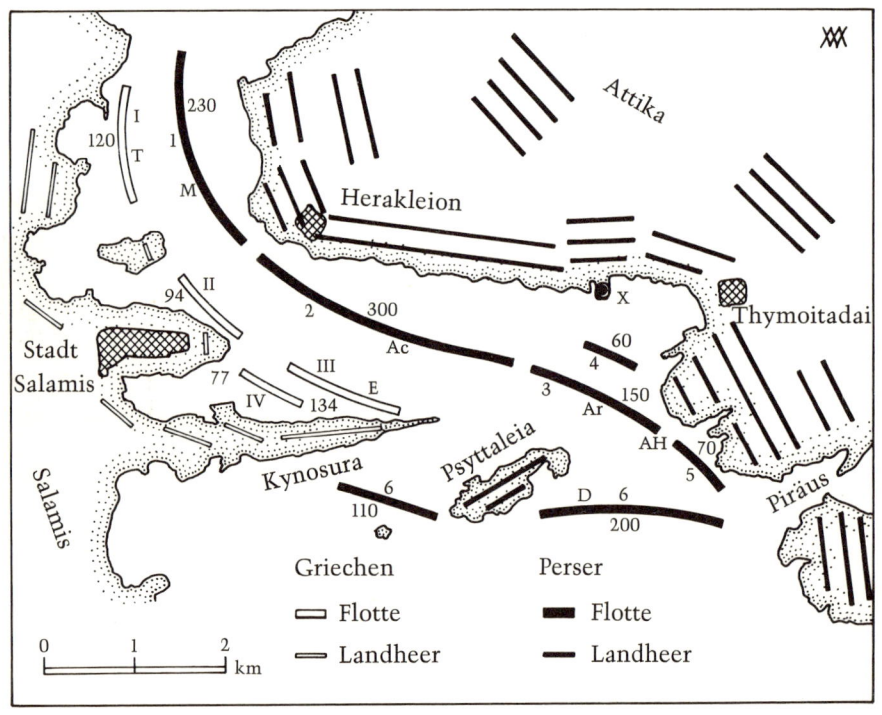

das befehligt wurde von Syenessis und Histiaios, dem Fürsten von Tyana Nigde.

Die Bucht von Salamis aber wurde geschlossen von einem Geschwader aus 100 Schiffen der Phönizier, 60 Schiffen der Äolier und 150 Schiffen der Cyprier, und den Oberbefehl führten hier Tenagon, der Satrap von Baktrien, Tharybis, der Lyrnaier, und Damasithymos, König der Kalyndier.

Und dies waren alles zusammen 1120 Schiffe, und Xerxes, der König der Könige, war sehr zufrieden.

Und der Großkönig Xerxes warf einen Blick hinüber zum anderen Ufer, wo sich die Flotte der Hellenen ordnete.

Während die Perser über sechs gewaltige Geschwader geboten, waren es bei den Griechen nicht mehr als drei und dahinter eine Reserve kleiner Schiffe, die von den Inseln Aigina, Keos, Naxos, Melos, Siphnos, Seriphos, Kythnos und Tenos gestellt waren.

Am linken Flügel der Griechen lagen 120 Schiffe aus Athen unter dem Befehl des Themistokles, und sie standen gegenüber dem 1. Geschwader der Perser mit 230 Schiffen.

In der Mitte lagen 94 Schiffe unter dem Befehl des Adeimantos, und von diesen waren 60 aus Athen, 7 aus Aigina, 7 aus Eritrea und 20 aus Chalkis, und sie lagen dem 2. Geschwader der Perser mit 300 Schiffen gegenüber.

Persische Trieren phönizischer Bauart. Siegelabdrücke der Universität in Chicago.

Ein Grieche übergibt seinem Sohn eine vollständige Hoplitenausrüstung.

Den rechten Flügel der Hellenen stellten die 134 Schiffe unter dem Oberbefehl des Eurybiades, und es waren dies 16 Schiffe aus Sparta, 40 aus Korinth, 15 aus Sikyon, 10 aus Epidauros, 15 aus Troizen, 3 aus Hermione, 5 aus Elis, 3 aus Methone, 15 aus Megara und 12 von den Inseln, und sie lagen dem 3. Geschwader der Perser, den Lykiern und Kariern gegenüber, die zusammen 280 Schiffe zählten.

Und Xerxes, der König der Könige, lächelte abfällig, und die großen Großen und die nicht ganz so großen Großen und die kleinen Großen und die Unsterblichen, die seinen Thron umgaben, lächelten abfällig, und nur Mardon lächelte nicht, denn er bewunderte insgeheim den Mut der Hellenen, sich dieser ungeheuren Übermacht zum Kampf zu stellen.

Die Schlacht beginnt

»Man rufe die Schreiber!«
Die Schreiber des Königs der Könige näherten sich kriechend. Zu sechst kauerten sie hinter dem Thron nieder mit langen Rollen und Schreibstiften in den Händen – sie sollten den Verlauf der siegreichen Schlacht buchen.
»Seht!« rief Mardon, der Schwager des Königs der Könige und Oberbefehlshaber aller Landtruppen, und deutete auf das Meer hinaus: Ein hellenisches und ein phönizisches Schiff hatten den Kampf begonnen.
»Welches Schiff ist das?« fragte der Großkönig Xerxes.
Die Perser strengten die Augen an, doch wegen der großen Entfernung vermochten sie es nicht zu erkennen. Das verstimmte den König der Könige, weil er es nicht buchen lassen konnte von den Schreibern.
Dort drüben hatte der Athener Ameinias den Kampf begonnen – eine Ehre, die ihm freilich später von den Aigineten streitig gemacht wurde.
Kleine Boote jagten mit peitschendem Ruderschlag zu der Halbinsel, Stafetten rannten die steilen Felsstufen hinauf zum Thron des Großkönigs, warfen sich auf die Erde und teilten mit, was sich drunten auf dem Meer abspielte.
Die Schreiber buchten:
»Die Ionier, dem König der Könige getreu, entreißen den Hellenen viele Schiffe.«
»Bucht die Anzahl!« befahl der Großkönig Xerxes.
Die Schreiber buchten – dies war eine stillschweigende Abmachung – doppelt

Goldener Dolch eines persischen Großen aus dem »Muzeh-e Iran-e Bastan« in Teheran.

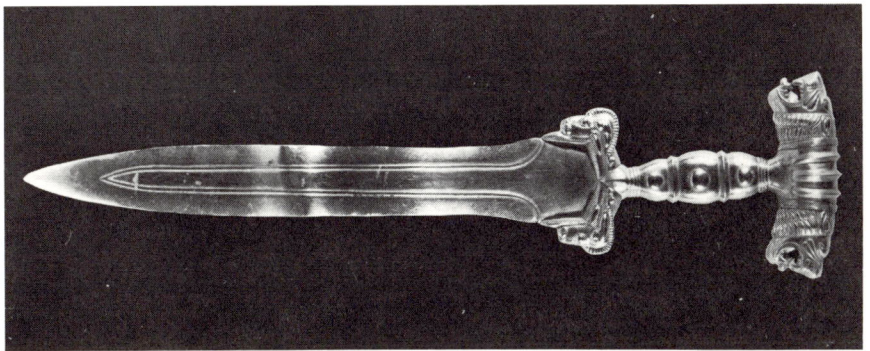

so viele Schiffe, als die Stafetten gemeldet hatten, die ihrerseits die Anzahl – auch dies war eine stillschweigende Abmachung – bereits verdoppelt hatten.

»Die Namen der Befehlshaber?«

»Theomestor, Sohn des Androdamas, und Phylakos, Sohn des Histiaios, beide aus Samos.«

»Es sind treue und tapfere Ionier!« lächelte Großkönig Xerxes. »Ich werde Theomestor zum König von Samos ernennen und Phylakos dort Grund und Boden schenken. Ich werde beiden vier breite, goldene Armreifen zur Belohnung schenken . . .«

Die Schreiber buchten neben den persischen Siegen die vom König der Könige vorgesehenen Auszeichnungen.

Und der Großkönig Xerxes spottete:

»Meine Ionier sind treu. Wie könnte es auch anders sein? Und Oheim Artabanos meinte, ich solle ihnen mißtrauen!«

»O Beherrscher des Erdkreises«, wagte die Stafette zu melden. »Nicht alle Ionier sind treu. Eine Reihe von Schiffen sind sofort zu Beginn des Kampfes auf die Linie des Feindes zugefahren und haben sich unter diese eingereiht . . .«

Mardon runzelte die Augenbrauen:

»Die Namen der Verräter?«

»Die Anführer sind Laomedon aus Samos, Dikaios aus Lesbos und der Lykier Sarpedon.«

»Man lasse sie unverzüglich ans Kreuz schlagen!« befahl der König der Könige ungehalten, und die Schreiber, die sich schon wieder über ihre Rollen beugen wollten, fuhr er an:

»Nein, es ist nichts zu buchen!«

Der Angriff

Es war ein grauenerregender Anblick, als sich im ersten Morgenlicht die ungeheure persische Flotte in Bewegung setzte, Schiff neben Schiff, eben noch weit genug auseinander, daß sich die Spitzen ihrer Riemen nicht berührten.

Die Griechen mußten die Augen zusammenkneifen, um nicht von der aufgehenden Sonne geblendet zu werden, die hinter den Persern über Attika heraufstieg.

Themistokles gab das Signal zum Angriff.

Modell einer attischen Triere. Auf dem Marsch schützte ein Sonnensegel die Ruderer gegen die Hitze.

Die Riemen tauchten ins Meer, zogen durch, hoben sich, das Wasser schäumte auf. Schneller und schneller schossen die Trieren voran, der Mauer der feindlichen Schiffe entgegen.

Erste Pfeile schwirrten, blieben zitternd in den Bordwänden stecken. Die schwerbewaffneten Hopliten knieten hinter ihren vorgeworfenen Schilden an Deck, die Lanzen in der Faust. Im Bug duckten sich die Bogenschützen hinter die Reling, sprangen auf, ließen die Sehnen ihrer Bogen schwirren und duckten sich wieder.

Pfeile, um deren Schäfte brennende, in Pech und Schwefel getränkte Wergbüschel gebunden waren, flogen.

Einer dieser Brandpfeile traf das Segel der Triere des zweiten Athener Befehlshabers Kimon, Sohn des Miltiades. Der Stoff flammte auf. Entsetzt hieben ein paar Hopliten die Haltetaue der Rah durch, und das brennende Segel samt der Rah sauste auf das Deck herunter. Matrosen sprangen vor. Mit Bootshaken und bloßen Händen packten sie zu, rissen und stießen Segel und Rah über Bord. Der leichte Leinenkittel eines Mannes fing Feuer. Mit einem Kopfsprung klatschte er ins Wasser, spritzte und strampelte ein paar Augenblicke, ehe ihn hilfreiche Hände unverletzt wieder an Bord zogen.

Drüben auf der anderen Seite schien man weniger schnell reagiert zu haben: Drei phönizische Trieren standen in hellen Flammen. Mit peitschenden Riemen versuchten die Schiffe rechts und links von ihnen, vorwärts oder rückwärts, aus der verderblichen Nähe des Feuers zu fliehen, doch auch eines der attischen Schiffe blieb nun brennend zurück.

Schneller und schneller schossen die hellenischen Trieren voran.

Themistokles steuerte sein Schiff genau zwischen zwei der gewaltigen Penteren aus Sidon, von denen eine die Standarte des Megabates führte. Haushoch ragten die beiden Schiffe mit ihren fünf Ruderdecks übereinander vor dem griechischen Flaggschiff auf. Die Hopliten an Deck mußten ihre Schilde über den Kopf halten, um nicht von dem Hagel an Pfeilen, Speeren und Steinen getroffen zu werden, der auf sie herunterprasselte.

Noch drei Riemenschläge – noch zwei . . .

Der bronzene Rammsporn des Atheners schoß in die Gasse zwischen den Phöniziern.

Noch ein Schlag – ein scharfer Ruf.

Die hellenischen Ruderer rissen ihre Riemen nach innen, und wie ein Geschoß brach die Triere zwischen den Penteren durch.

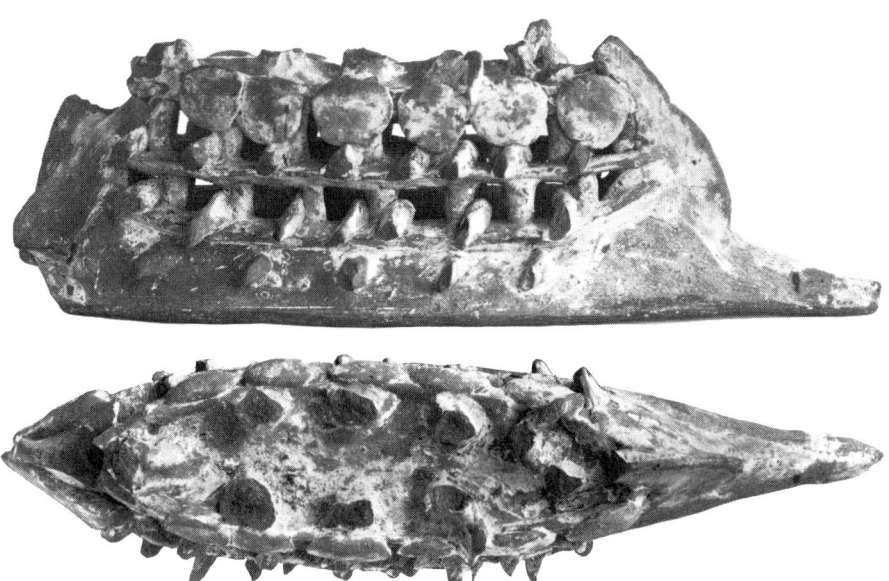

Tonmodell einer phönizischen Triere aus dem National Museum in Kopenhagen. Deutlich ist zu sehen, daß die Ruderer auf phönizischen Trieren in drei Decks übereinander saßen, was diese Schiffe gegenüber den griechischen Trieren erheblich höher, aber auch schwerfälliger machte.

Die Reihen der feindlichen Riemen splitterten, in den Decks der Phönizier wurden die Rudersklaven durcheinander geschleudert, Holztrümmer wirbelten durch die Luft.

Dann war die Triere des Themistokles durch. Die griechischen Ruderer schoben ihre Riemen wieder nach außen und brachten das Schiff, das durch die 200 Riemen, die es zertrümmerte, fast seinen ganzen Schwung verloren hatte, erneut in Fahrt. Themistokles sah nach rechts und links. Mindestens 20 weiteren attischen Trieren war der Durchbruch gelungen, und hinter ihnen lag das Doppelte an manövrierunfähig gewordenen Phöniziern.

Und schon rauschte die zweite Welle des Angriffs heran. Die Trieren unter dem Befehl Kimons brausten in die aufgerissenen Gassen, warfen plötzlich die Steuerruder herum und prallten in die Flanken der feindlichen Schiffe, rissen sie auf oder stießen sie mit splitternden Riemen krachend auf ihre Nebenschiffe.

Das Chaos im Zentrum des 1. persischen Geschwaders wuchs zusehends. Die Trieren, die mit Themistokles durchgebrochen waren, hatten unterdessen gewendet, erneut Fahrt aufgenommen und rammten nun mit voller Fahrt ihre bronzenen Sporne in die Hecks der Feinde, während gleichzeitig immer noch weitere Hellenen die Linie der Phönizier durchbrachen.

Aischylos, ein ebenso verwegener Soldat wie wortgewaltiger Dichter, hatte einen Pamphylier erwischt, als dieser sich von seinem Nachbarschiff abzusetzen versuchte, das in Flammen stand. Er hatte ihn mit voller Fahrt gerammt und ihm dabei fast den ganzen Bug weggerissen.

Die Schlacht, 1. Phase:
Griechen: I: 1. Geschwader, II: 2. Geschwader, III: 3. Geschwader, IV: Reservegeschwader. T: Themistokles, E: Eurybiades.
Perser: 1: phönizisches Geschwader, 2: ägyptisch-kilikisches Geschwader, 3: ionisches Geschwader, 4: lykisches Geschwader, 5: karisches Geschwader, 6: Sperrgeschwader.
X: Thron des Xerxes, TS: Könige von Tyrus und Sidon, M: Megabates, Ao: Ariomardos, Ac: Achaimenes, Ar: Ariabignes, AH: Artemisia, D: Damasithymos.

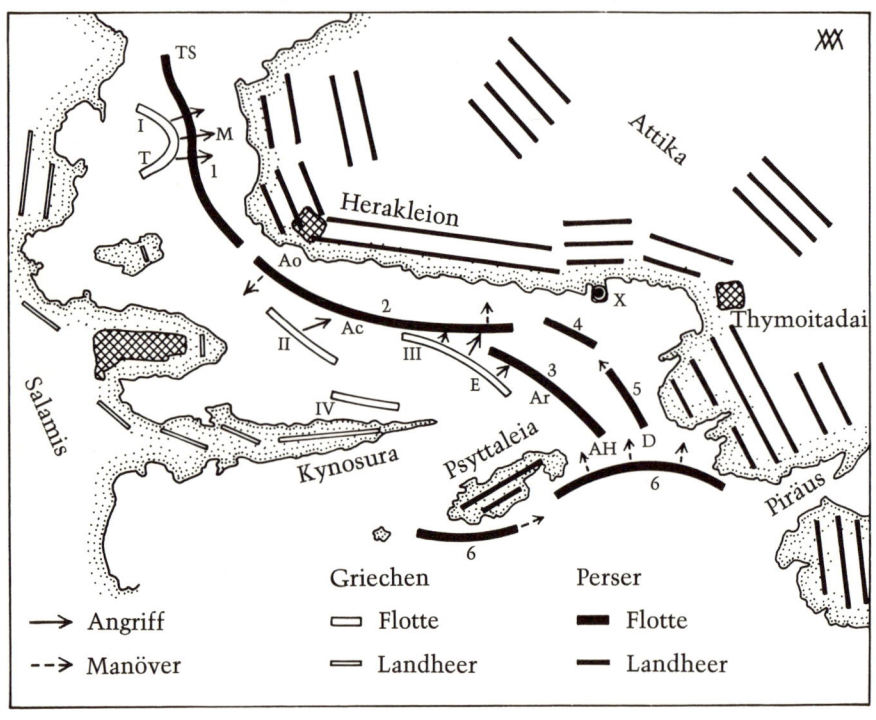

»Dann alsbald schlug der eherne Schnabel auf das Schiff.
Einer der Griechen fing das Rammen an und
Schmettert eines Feindes Schiffes ganzen Bug zusammen.«

Nun rauschte Aischylos in die feindliche Linie hinein, brach durch, warf sein Schiff herum und stieß erneut zwischen die splitternden Riemen.

Doch diesmal war der Anlauf zu kurz, der Schwung zu gering gewesen. Mitten zwischen den beiden Phöniziern blieb die attische Triere hängen.

»Werft die Waffen weg und ergebt euch! Vielleicht werden wir euer Leben schonen!« schrie Tetramnestos, Sohn des Megabates, dessen Schiff backbord neben dem Athener lag, den Griechen zu.

Aischylos lachte nur, warf seinen Schild vor und stürmte auf das feindliche Schiff, während er dem Phönizier einen Vers aus der Ilias des Homer entgegendonnerte:

»Jeder Kampfeskunde erinnert euch nun! Jetzt gebürt's euch,
Lanzenschwinger zu sein und unerschrockene Krieger!«

»Bringt mir seinen abgeschlagenen Kopf!« kreischte Tetramnestos seinen Leuten zu. »Bringt mir den Kopf dieses Großmauls!«

Doch als die ersten Männer, von der Lanze des Dichter-Kriegers getroffen, auf das Deck stürzten und die anderen Griechen um sich hauend und stechend vordrangen, rissen die Phönizier entsetzt aus, warfen Enterhaken auf das nächste ihrer Schiffe, zogen es, ungeachtet der dabei zerbrechenden Riemen, zu sich heran und versuchten, sich dort hinüber zu retten.

Tetramnestos heulte auf vor Wut, stürzte sich zwischen seine Leute, hieb einem fliehenden Offizier seinen goldenen Kommandostab um die Ohren. Doch die Phönizier dachten nur noch daran, sich möglichst schnell vor den mit Lanzen und Schwertern wütenden Griechen in Sicherheit zu bringen. Ein paar Fäuste packten Tetramnestos, hoben ihn hoch und stießen ihn über Bord. Einige Augenblicke lang zappelte er noch im Wasser herum, dann zog ihn sein schwerer, reich vergoldeter Panzer in die Tiefe.

Der Angriff des Themistokles hatte zwar das Zentrum des 1. persischen Geschwaders durchbrochen, doch bei weitem nicht so viel Schaden angerichtet, wie das beim ersten Anblick vielleicht aussehen mochte. Doch die Phönizier, von jeher bessere Kaufleute als Soldaten, begannen den Kopf zu verlieren.

Megabates rannte auf dem Deck seiner beschädigten Pentere herum, kümmerte sich nicht um die Schlacht, sondern brüllte nur Befehle, die ihm wieder

Kämpfende griechische Krieger.

zu einem voll manöverierfähigen Schiff verhelfen sollten, stieg schließlich in
ein Boot um und ließ sich zu einem anderen Fahrzeug rudern, das er als sein
neues Flaggschiff ausgewählt hatte. Was er dabei vergaß, war, seine Standarte
mitzunehmen, so daß die meisten von ihm befehligten Schiffe nach wie vor
auf Anweisungen des alten Admiralschiffes warteten und sich um die Signale
des neuen nicht kümmerten.

Der Vizeadmiral des 1. Geschwaders, Megabazos, steckte mitten im dicksten
Gewühl und hatte die Übersicht restlos verloren, und die am äußersten linken
Flügel kommandierenden Könige von Tyrus und Sidon wähnten sich vom
Gros der persischen Flotte abgeschnitten und wendeten den Bug ihrer Schiffe
also nach Süden, um dort wieder Anschluß zu bekommen. Was sie dabei nicht
verhindern konnten, war, daß ihr Teil des Geschwaders bei dem Versuch,
sich an den Kämpfenden vorbeizudrücken, völlig in Auflösung geriet.

Das war just in dem Augenblick, als der Geschwaderteil des Megabates endlich begriffen hatte, von welchem Schiff in Zukunft seine Kommandos kommen würden, und Megabates Zeit fand, sich wieder um das Geschehen ringsum zu kümmern.

Die Sicht nach Norden war ihm durch brennende und kämpfende Schiffe ver-

Athene, die Schutzgöttin von Athen, auf einer schwarzfigurigen Vase. Ihren Schild ziert der Bug eines Schiffes.

sperrt, doch die hastig nach Süden rudernden Phönizier samt den mächtigen Penteren der Könige von Tyrus und Sidon ließen ihn keinen Augenblick zweifeln, daß die ganze rechte Hälfte des 1. persischen Geschwaders bereits vernichtet sei.

Also gedachte er, die Fliehenden zusammen mit seinen eigenen noch kampfbereiten Schiffen zunächst hinter das 2. Geschwader – die Ägypter und Kilikier – zurückzuziehen und neu zu ordnen. Entsprechende Befehle gingen hinaus und – wurden befolgt.

Die fliehenden phönizischen Schiffe quetschten sich hinter dem rechten Flügel des 2. Geschwaders und dem Festland bei der Ortschaft Herakleion durch.

Der Ägypter Ariomardos, der hier kommandierte, hatte wenig Lust, seine Schiffe von kopflosen Phöniziern in der schmalen Durchfahrt rammen zu lassen, und zog vorsichtshalber seinen Flügel weiter vom Land weg in der Gewißheit, daß, selbst wenn etliche Phönizier flohen, die Masse ihrer Schiffe letztlich die Athener doch vernichten würde, denn schließlich, wozu wurden die Phönizier als die besten Seefahrer des persischen Reiches vom Großkönig so überschwenglich gepriesen?

Unterdessen waren im Süden bereits die Würfel gefallen über das Schicksal der persischen Flotte, auch wenn das niemand zu diesem Zeitpunkt ahnte. Im Gegenteil: Unter den Augen des Großkönigs versuchte jeder Schiffsoffizier den anderen an Tapferkeit zu übertreffen, und wenn der Sieg auch nicht ganz so leicht zu erringen war, wie man sich das gedacht hatte, man war sich seiner sicher. Selbst den Hellenen wurde mehr und mehr klar, daß diese Schlacht nicht mehr zu retten war, es sei denn, ein Wunder geschähe!

Eurybiades, der Spartaner, hatte unverzüglich zu Beginn des Kampfes mit voller Wucht den linken Flügel des 2. persischen Geschwaders angegriffen und zurückgedrängt, um damit den ionischen und dorischen Überläufern eine Gelegenheit zu geben, die Seiten zu wechseln.

Ariabignes, der Bruder des Großkönigs Xerxes und kommandierender Admiral des 3. Geschwaders, hatte vor Wut getobt, als sich gerade aus seinem Geschwader eine Reihe ionischer Schiffe unmittelbar nach Beginn des Kampfes gelöst hatte und offen zum Feind übergelaufen war. Diese Schande, so schwor er, werde er blutig an allen Griechen rächen!

Schnelle Boote jagten zu den verschiedenen Geschwadern:

Seinen Bruder Achaimenes, den Oberkommandierenden der gesamten persischen Flotte und Befehlshaber des 2. Geschwaders, ließ er bitten, ihm die Schiffe unter Eurybiades allein zu überlassen – eine Bitte, die Achaimenes gern erfüllte, da er selbst im Kampf mit dem Mitteltreffen der Hellenen unter Adeimantos lag. Also zog er den linken Flügel seines Geschwaders noch weiter zum Ufer zurück, um Platz für die schnell heranrudernden Ionier des Ariabignes zu schaffen.

Gorgos und Timorax vom lykischen, wie Syennessis und Histiaios vom karischen Geschwader erhielten Befehl von Ariabignes, sich hinter die Ionier zu legen: »Zwingt sie zur Tapferkeit und Treue!«

Den Lykiern und Kariern kam der Befehl nicht ungelegen, da er sie selbst zunächst aus dem Kampfgeschehen heraushielt.

Auch dem Sperrgeschwader am Ausgang der Bucht von Salamis schickte Ariabignes einen Befehl, und da er der Bruder des Großkönigs war, wurde ihm unbedingt Folge geleistet.

Der Befehl hieß:

»Sperrt die Bucht mit einem eisernen Riegel ab! Die Griechen werden nicht fliehen, vielleicht aber werden es die Ionier versuchen. Was auch geschehen mag, laßt niemanden aus der Bucht!«

Tenagon, Tharybis und König Damasithymos, die dort kommandierten, waren zu sehr gewohnt, daß man die Soldaten der Perser mit klatschenden Peitschen zur Tapferkeit zwingen mußte, als daß sie diesen Befehl nicht gründlichst ausgeführt hätten.

Sie zogen den Geschwaderteil zwischen Psyttaleia und der Halbinsel Kynosura ab und schoben ihre Schiffe in die Durchfahrt zwischen der Hafenausfahrt von Piräus und der Insel Psyttaleia wie einen Korken in einen Flaschenhals.

Es hätte dieser Vorsichtsmaßnahme nicht bedurft.

Die persertreuen Ionier schlugen sich tapfer, und auch die Ägypter und Kilikier kämpften verbissen, und es war bei allem Todesmut der Hellenen kaum noch ein Zweifel möglich, daß die Geschwader des Eurybiades und des Adeimantos dem pausenlosen Ansturm des übermächtigen Feindes in kürzester Zeit erliegen mußten.

Griechischer Krieger auf dem Bug eines Schiffes aus der Glyptothek in München.

Die Niederlage

Themistokles hatte von Anfang an gewußt, daß die Entscheidung nur im Norden gegen die Phönizier fallen konnte und deshalb dafür gesorgt, daß er mit seinen Schiffen aus Athen diesen Platz erhielt. Eurybiades und Adeimantos war die undankbare Aufgabe zugefallen, die Kräfte des Feindes zu binden und abzulenken, bis man bereit war, den entscheidenden Schlag zu führen. Der gefährlichste Punkt im Plan des Themistokles war gewesen, daß Eurybiades – dem er ja offiziell zumindest untergeordnet war – die Rolle durchschaute, die ihm zugedacht war. Nun, Eurybiades hatte tapfer, nüchtern und ein bißchen stur, wie die meisten Spartaner, nichts gemerkt, oder wenn, so hatte er nichts gesagt – möglicherweise deshalb, weil sein spartanischer Stolz für sich und seine Leute stets den gefährlichsten Platz in einer Schlacht verlangte.

Diesen Platz nun hatte Eurybiades – gewollt oder ungewollt – reichlich genug genießen können, ehe die Entscheidung endgültig fiel, und zwar so fiel, daß sie Themistokles, obschon alle bewundernswert gekämpft hatten, nicht nur zu einem griechischen, sondern zu einem Athener Sieg machen konnte...

Es ist eine alte Tatsache, daß Männer und Schiffe, die erst einmal fliehen, nur sehr schwer wieder zum Stehen zu bringen sind.

Mit voller Fahrt rauschten die Phönizier also in die offene Fahrtrinne zwischen Festland und dem Bogen der Schiffe des 2. persischen Geschwaders hinein, doch je weiter sie eindrangen, um so enger wurde die Rinne, um so weniger Platz blieb zwischen dem Ufer und dem zurückgenommenen Flügel der Ägypter und Kilikier.

Achaimenes, der Oberbefehlshaber der Flotte, und die Unterführer des 2. persischen Geschwaders Arkteus, Adeues, Pharnuchos und Dadakes überschauten sehr schnell die Gefahr, die von den kopflosen Phöniziern und Pamphyliern ausging. Sie hätten ja auch gerne Platz gemacht, doch vor ihnen brodelte die Schlacht zwischen den Schiffen des Ariabignes und des Eurybiades und Adeimantos. Nach der Seite ausweichen konnten sie ebensowenig, denn da lagen die Lykier und Karier, und auch diese konnten nicht vom Fleck, weil sie von ihrem eigenen übereifrigen Sperrgeschwader im Süden mehr und mehr in die Bucht hineingedrängt wurden.

Und es wurden mehr und mehr Phönizier, die sich hinter der Linie der Ägypter und Kilikier zusammendrängten. Die Linie des 2. persischen Geschwaders beulte sich beängstigend aus.

Dann preschten die ersten attischen Trieren heran und bohrten krachend ihre Rammsporne in die Flanken des Feindes.

Ariomardos, der Ägypter, hatte mit äußerster Energie seine Schiffe zusammengehalten, so daß die fliehenden Phönizier und Pamphylier nicht zwischen die kämpfenden Geschwader gerieten und Verwirrung anrichteten.

Nun sah auch er die Athener mit peitschendem Riemenschlag heranbrausen, genau auf das Heck seiner Schiffe zu.

Ariomardos hätte längst seine Trieren wenden lassen, um Front gegen die Athener zu machen, wenn er dazu nicht seine Linie hätte auseinanderziehen

Die Schlacht, 2. Phase:
Griechen: I, II, III, IV: die Geschwader. T: Themistokles, E: Eurybiades, A: Aristides.
Perser: 1: Rest des phönizischen Geschwaders, 2: ägyptisch-kilikisches Geschwader,
3: ionisches Geschwader, 4: lykisches Geschwader, 5: karisches Geschwader, 6: Sperr-
geschwader.
X: Thron des Xerxes, Ao: Ariomardos, Ac: Achaimenes, Ar: Ariabignes, AH: Artemisia,
D: Damasithymos.

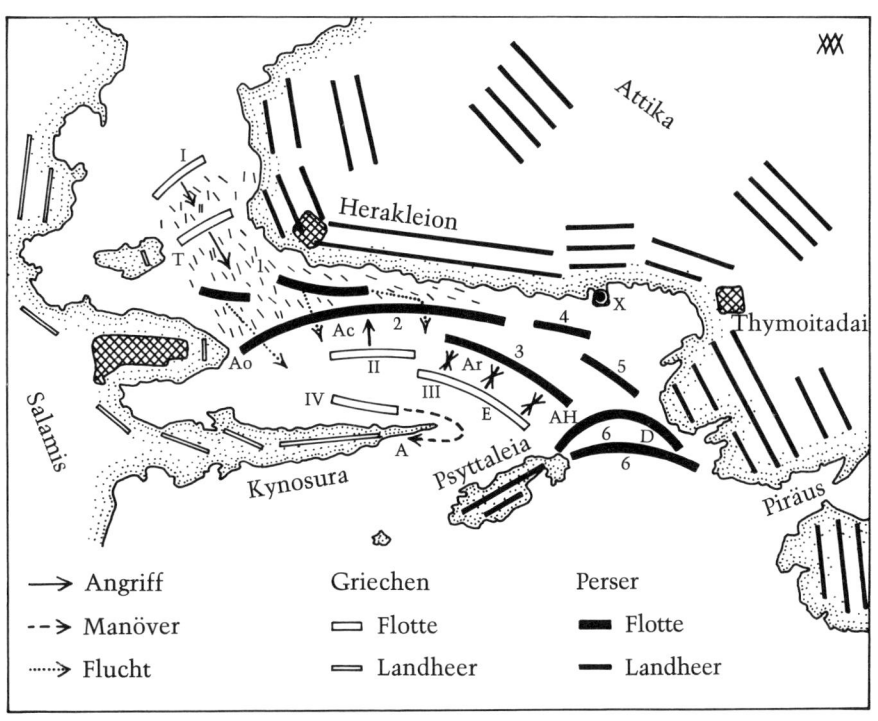

müssen – denn so eng, wie sie beisammenlagen, konnten die Schiffe nicht drehen – und wenn er nicht sicher gewesen wäre, daß in dieser Sekunde, in der er seine starre Formation aufgab, die Fliehenden seine Linie durchstoßen würden. Jetzt gab es keine andere Wahl mehr, und eben wollte Ariomardos das Kommando geben, als er die Pentere des Königs von Sidon in voller Fahrt auf sich zubrausen sah. Der König stand im Bug und brüllte in einem fort: »Rette sich, wer kann! Rette sich, wer kann!«

»Halt!« donnerte ihm der Ägypter entgegen – der Phönizier reagierte nicht.

Ariomardos riß einem seiner Soldaten den Speer aus der Hand und schleuderte ihn mit voller Wucht. Der Schrei des Königs von Sidon brach mit einem gurgelnden Laut ab, als ihm das Eisen in die Kehle fuhr. Dann krachte der Rammsporn der Pentere in das Heck des Ägypters.

Als wäre das ein Zeichen gewesen, stießen nun überall die Phönizier rücksichtslos durch. Wer von den ägyptischen und kilikischen Schiffen nicht schnell genug auswich, wurde in den Grund gebohrt.

Die Linie des 2. persischen Geschwaders zerbrach in Minuten.

Eine Panik griff wie rasend um sich. Offiziere und Befehlshaber, die sich den vor Angst heulenden und kreischenden Massen entgegenwarfen, sie zum Stehen, zum Kämpfen zwingen wollten, wurden von ihren eigenen Leuten erschlagen, mit ihren Schiffen versenkt: die Ägypter Ariomardos, Arkteus, Adeues und Pharnuchos, der Kilikier Dadakes, der Pamphylier Prexaspes.

Die fliehenden Schiffe wälzten sich, Schrecken, Verwirrung und Chaos mit sich tragend, dem Ausgang der Bucht zu, rissen das 3. Geschwader des Ariabignes auseinander, zogen Lykier und Karier in ihrem Strudel mit sich.

Und überall dazwischen tauchten nun die wendigen Trieren der Hellenen auf, rammend, Brandpfeile verschießend, feindliche Schiffe enternd und das Entsetzen von Augenblick zu Augenblick vermehrend.

>   »Zunächst zwar widerstand der Strom der Perserflotte,
>   Doch als die über tausend Schiffe in der Enge sich
>   Zusammendrängten, bot keines mehr dem anderen Schutz.
>   Mit ihren zugespitzten Schnäbeln rammten sie
>   Sich gegenseitig und zerbrachen sich das Riemenwerk.
>   Die Griechenschiffe umringten sie mit Vorbedacht
>   Und stießen auf sie los. Nach oben wurde da
>   Der Schiffe Rümpfe umgewälzt. Die Flut sah man

Die Seeschlacht bei Salamis. Fresko aus den Vatikanischen Museen in Rom.

Nicht mehr, so war bedeckt von Trümmern sie und Menschenmord.
Die Klippen und die Ufer waren überschwemmt
Von Leichen, und in wilder Flucht stob alles, was
Von Persiens Flotte da noch übrig war, davon.
Und wie beim Thunfischfang mit Ruderstangen so schlugen
Die Hellenen auf sie los. Und Wehgeheul zugleich
Und Jammer überschallte weit die Flut des Meeres.
Der Schrecken Fülle, wenn ich auch zehn Tage lang
Der Reihe nach erzählte, ich schöpfte sie nicht aus.
Denn niemals noch, noch nie an einem einz'gen Tag
Kam eine derart ungeheure Zahl von Menschen um.«

Mehr und mehr brennende und sinkende Schiffe der gewaltigen Flotte der Perser bedeckten das Meer.

Mehr und mehr stieg die Unruhe in dem König der Könige auf.

Wie war es möglich, daß sich – unter seinen Augen! – seine Flotte so jämmerlich schlug? Wie war es möglich, daß seine Krieger zu Tausenden ertranken, während er die Hellenen überall ruhig auf Salamis zuschwimmen sah, wenn ihre Schiffe sanken? Warum konnten seine Leute nicht schwimmen, und die Hellenen konnten es?

Schon lange hatten die Schreiber nichts mehr gebucht – die persischen Verluste buchten sie niemals.

Und da entdeckte der Großkönig Xerxes die *Lykos,* das Flaggschiff der Königin Artemisia von Halikarnassos:

Mit langausholenden Riemenschlägen jagte die Triere vorwärts – sie floh. Königin Artemisia floh, bis ihr die persischen Schiffe des Sperrgeschwaders am Ausgang der Bucht den Weg verlegten. Doch die Ruderer hielten nicht an: Krachend bohrte sich der Schnabel der *Lykos* in die Breitseite der Triere des Damasithymos, Königs der Kalyndier, des Verbündeten des Königs der Könige.

Drei Riemenschläge wich die *Lykos* zurück, schoß wieder vor und rammte mit bronzenem Rammsporn das Schiff des Damasithymos zum zweiten Mal, daß es kenterte und sank. Die *Lykos* rauschte weiter auf ihrem Kurs in die Freiheit.

»Wen hat Königin Artemisia in den Grund gebohrt?« fragte der König der Könige.

Hatte der Großkönig Xerxes das Schiff des Damasithymos erkannt? Gab es nicht Hunderte dieser kleinen Könige – kannte sie der König der Könige alle? Hatte sich einer der Kalyndier retten können, um zu berichten, was geschehen war? War Artemisia nicht aufgestiegen unter die großen Großen des persischen Reiches?

Und so riefen die Vettern und Neffen und Schwäger des Königs der Könige wie aus einem Mund:

»O Beherrscher der Erde! Artemisia ist die mutigste von allen! Sahst du nicht, wie sie das athenische Schiff in den Grund rammte?«

»War es ein Athener?«

»Es war ein Athener! Es war ein Athener!« riefen die Vettern und Neffen und Schwäger des Königs der Könige.

Griechische Diere im Kampf.

Und Großkönig Xerxes befahl:

»Bucht, Schreiber: Artemisia, Königin von Halikarnassos, Kos und Nisyros, bohrt eine athenische Triere in den Grund! Seid stolz, daß es an euch ist, dieses Ereignis zu buchen!«

Da warf sich eine Stafette vor dem König der Könige zu Boden:

»Herr! Beherrscher des Erdkreises! Ariabignes, der Sohn des unvergessenen Dareios, Euer königlicher Bruder und Flottenbefehlshaber, ist ertrunken! Sein Schiff ist in den Grund gerammt mit all seinen Offizieren und Kriegern!«

Xerxes, der König der Könige, erbleichte.

Und wieder warf sich eine Stafette zu Boden vor dem Großkönig:

»Die Ionier haben uns verraten! Die elenden Ionier haben die phönizischen Schiffe vernichtet!«

Da brüllte der König der Könige, Xerxes, Beherrscher des Erdkreises, vor Wut:

»Ans Kreuz! Ans Kreuz mit den Verrätern! Schlagt allen Phöniziern, die sich gerettet haben, die Köpfe ab für ihre Feigheit!«

Und der Rest der Phönizier, soweit sie nicht von den Athenern und den Ioniern vernichtet waren, floh.

Und die Ionier, soweit sie nicht übergelaufen waren, und die asiatischen Dorer und die Pamphylier flohen.

Und die Karier und Lykier, denen an einem Sieg der Perser so wenig lag wie an einer Niederlage der Perser, flohen.

Und sie rissen die Cyprier und Ägypter mit sich.

Und sie rissen die Kilikier mit sich.

Und die Perser, Meder und Saken aus den Schiffen der Äolier wollten wohl kämpfen, doch auch sie wurden mitgerissen oder in den Grund gebohrt.

Und wie ein gewaltiger Strom fluteten die tausend persischen Schiffe nach Osten in die Enge zwischen dem Festland und der Insel Psyttaleia hinein, wo, wie ein Korken im Flaschenhals, das Sperrgeschwader so dicht beisammenlag, daß die Schiffe nicht ausweichen konnten, selbst wenn sie gewollt hätten.

Rümpfe prallten in der Enge aneinander, Riemen splitterten, Trieren verhängten sich ineinander und konnten weder vorwärts noch rückwärts, und hinter

Die Schlacht, 3. Phase:
Griechen: I, II, III, IV: die Geschwader. T: Themistokles, E: Eurybiades, A: Aristides.
Perser: Die Geschwader 1 bis 5 in völliger Auflösung, 6: Sperrgeschwader. AH: Artemisia. Xerxes und die Landtruppen fliehen.

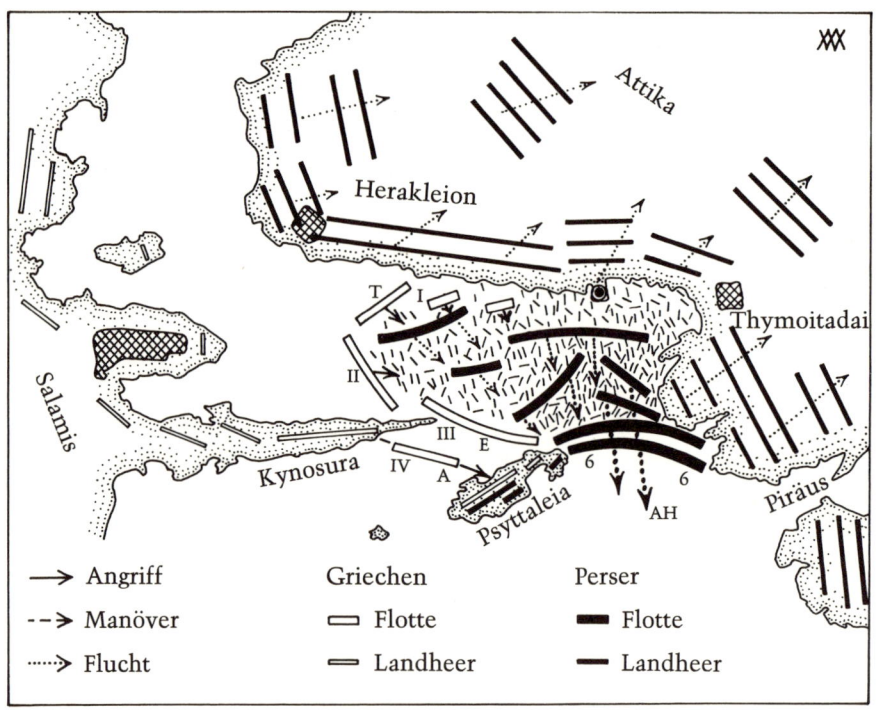

ihnen drängten die Massen der Fliehenden heran, stießen auf die verkeilten Schiffe, versuchten durchzubrechen und verkeilten sich selbst mit zersplitternden Riemen.

Dichter und dichter wurde das Knäuel, zusammengetrieben von der Angst und den Hellenen. Lauter und lauter wurden die Schreie der Wut und der Verzweiflung. Wütend kämpften die Schiffe der persischen Flotte gegeneinander um jede Elle Raum vorwärts, hinaus in die rettende, offene See.

Unlösbar schien das Knäuel der Schiffe, das sich in der schmalen Durchfahrt zusammenballte, da löste es die Verzweiflung:

Königin Artemisia befahl ihren Trieren aus Halikarnassos, Kos und Nisyros, alles in den Grund zu rammen, was ihnen im Weg lag. Und unter den furchtbaren Stößen der bronzenen Schiffsschnäbel sanken die Schiffe der Phönizier, der Pamphylier, der Cyprier und Äolier, die den Weg in die Rettung versperrten, auf den Grund.

Die Lykier aber, die Karier und Ionier folgten ihrem Beispiel, und so brachen sie sich Bahn ins offene Meer.

Die Hellenen aber jagten die fliehende persische Flotte vor sich her, wie ein Rudel Wölfe, das eine Herde Schafe jagt.

Das kleine griechische Reservegeschwader aus leichten Moneren und Dieren von den Inseln, das bislang hinter dem Flügel des Eurybiades gelegen hatte, sah nun auch die Gelegenheit, seinen Teil zum Sieg beizutragen.

Als Aristides, der ehemalige Feind des Themistokles, der sich an diesem Morgen mit ihm versöhnt hatte, vorschlug, seine Landtruppen nach der Insel Psyttaleia überzusetzen, waren die Kapitäne aus Aigina, Keos, Naxos, Melos, Siphnos, Seriphos, Kythnos und Tenos sofort hell begeistert.

> »Doch vor der Bucht von Salamis liegt, klein und schwer
> Nahbar für Schiffe, eine Insel, Psyttaleia.
> Dort hatte Xerxes Truppen hinbeschieden, damit, sobald der Feind,
> Vom Schiff gestürzt, sich auf die Insel flüchten wolle,
> Sie leichten Fangs die Schar der Griechen töteten,
> Die Freunde aber bargen aus der salzigen Flut.
> Als Gott den Schiffen der Hellenen Sieg verlieh,
> Da sprangen sie in Waffen aus den Schiffen, und im Kreis
> Umstellten sie die ganze Insel. Da war kein Platz,
> Wohin sich wenden, und unablässig wurden wir

*Ausgegrabene
griechische Helme.*

Mit Steinen aus der Hand beworfen. Von der Schnur
Des Bogens flogen Pfeile und verdarben viele.
Zuletzt in einem Ansturm warfen sie sich vor
Und hieben alles nieder und zerhackten die Leiber
Der Perser, bis sie alles Leben ausgetilgt.«

Auf der Halbinsel aber, auf der der Thron des Xerxes, Königs der Könige, stand,
waren ebenfalls Schiffe voll Spartaner und Athener Hopliten gelandet, die nun
in erbittertem Kampf mit den Unsterblichen des Hydarnes lagen.
Xerxes, der König der Könige, war fassungslos. Unbeweglich saß er auf seinem
goldenen Thron.
Da ergriff Mardon die Hand des Großkönigs Xerxes und flüsterte:
»Komm! Es ist hier nicht mehr sicher!«
Und der Großkönig Xerxes erhob sich von seinem goldenen Thron und wandte
der Bucht von Salamis den Rücken und floh.
Und all die Perser, die großen Großen, die nicht ganz so großen Großen, die
kleinen Großen, die Befehlshaber, die Oberbefehlshaber, die Oberbefehlshaber
der Oberbefehlshaber, die Brüder, Vettern, Neffen und Schwäger des Königs
der Könige, der ganze wimmelnde Hofstaat und die Unsterblichen wandten sich
um, und sie flohen in einem Zug gleißenden Goldes davon.

»Aufschrie der König bei dem Anblick solchen Unheils,
Und er zerriß die Kleider, klagte hellen Lauts.
Botschaft entsandt' er eilends seinem Landheer
Und floh, floh in würdeloser Flucht davon.«

Sieg der Freiheit

»Sieg! Sieg!« Der Jubelschrei im Dionysostheater brandet auf wie damals am Abend von Salamis. Die Zuschauer springen von ihren Sitzen, schreien, jubeln, lachen: »Sieg!«
Nur langsam legt sich der Tumult, versteht man wieder deutlicher die Worte von der Bühne her.

Atossa: »Wer ist *nicht* tot? Und von des Volkes Fürsten,
       Wen müssen wir beklagen, der dort fiel?«
Bote: »Der König Xerxes selber lebt und sieht das Licht.
       Artembares aber, der zehntausend Reiter führte,
       Und Dadakes, der Chiliarch, vom Speer durchbohrt,
       Der ward ins Meer geschleudert aus dem Schiff.
       Der edle Tenagon, der Baktrer bester Mann,
       Treibt um der Insel Riffe, die auch die Stirnen
       Spalteten des Lilaios, Arsamenes und Agrestes.
       Arkteus, Adeues und Pharnuchos von des Nil-
       Stroms Quellen stürzten da aus einem Schiffe.
       Matallos dann, der Myriontarch aus Chryse, fiel
       Und färbt im Purpurbad den vollen, blonden Bart.
       Der Mager Arabos und der Baktrer Artames
       Sind, wo sie sanken, Siedler nun der rauhen Küste.
       Amistres, Amphistreus, der edle Ariomardos,
       Alsdann Seisames, der Mysier, und Tharybis,
       Höchst glücklos liegen sie als Tote da.
       Syennesis, Gebieter der Kilikier, kam tapfer um.
       Die blieben im Gedächtnis mir von all den Toten.«

Atossa: »Weh! Weh! Ein Übermaß des Grauens brach herein!
Schmach allen Persern und ganz Asien!«
Chor: »Die aber fielen zuerst – Weh!
Ergriffen vom Schlag des Schicksals – Ae!
Am Strande von Salamis – Oah!
Und rufe dumpf empor zum Himmel das Leid – Oah!
Und heule die Stimme der Not,
Das übelkrächzende Schreien.«
Atossa: »Ai! Ai!«
Chor: »Furchtbar vom Meere zerwalkt – Weh!
Zerbissen von stummen Geschöpfen – Ae!
Der schimmernden Fluten – Oah!
Die Eltern, kinderlos, klagen zum Himmel das Leid – Oah!
Es klagen die Greise, die nun
Den ganzen Jammer erfahren!«

Die Flucht

Die geschlagene persische Flotte war auf der Flucht.
Und das ungeschlagene persische Heer war auf der Flucht.
Die Griechen wollten die persische Flotte verfolgen, die Schiffsbrücke über den
Hellespont vernichten, doch Themistokles warnte:
»Wenn Xerxes nicht abziehen kann mit seinem Millionenheer, wenn wir ihm
die Rückkehr versperren, droht uns ärgeres Unheil als bisher: die Hungers-
not! Gebt den Persern Gelegenheit zur Flucht!«
So blieb die Schiffsbrücke über den Hellespont unangetastet, der Weg nach
Kleinasien offen.
Themistokles aber ließ den Großkönig Xerxes durch den Pädagogen Sikinnos
wissen, daß er die Schiffsbrücke gerettet habe und damit das Heer der Perser.
Und Xerxes, der König der Könige, war dem Themistokles hierfür sehr dankbar.
Und Themistokles war sehr zufrieden.
Ahnte er damals schon, daß er eines Tages, aus Athen verbannt, Zuflucht
nehmen würde am persischen Hof?
In Athen versammelte Xerxes, der König der Könige, seine Großen um sich,
die nicht tot oder schon auf der Flucht nach Norden waren.

»Königin Artemisia!« rief der König der Könige, und die Königin von Halikarnassos, Kos und Nisyros warf sich waffenklirrend vor ihm zu Boden, doch der Großkönig Xerxes hob sie auf und küßte sie auf den Mund, denn er wußte ja nicht, wie Damasithymos und viele andere seiner Flotte umgekommen waren.

Und Xerxes, der König der Könige, sprach zu seinen Großen:

»Meine Männer haben bei Salamis wie Weiber gekämpft, diese aber, eine Frau, hat gekämpft wie ein Mann, wie ein Held! Deshalb werde ich Königin Artemisia das anvertrauen, was mir auf Erden am liebsten ist: meine kleinen Söhne!«

Und der Großkönig Xerxes winkte seine drei kleinen Söhne zu sich, die in ihren edelsteingeschmückten Gewändern wie Puppen aussahen inmitten der dienstbeflissenen Eunuchen, und er umarmte und küßte sie und übergab sie der Königin von Halikarnassos.

Und Königin Artemisia verneigte sich sehr tief und antwortete:

»Ich tue, was du mir befiehlst!« Doch sie dachte: »Du tust, was ich mir wünsche...« Und sie verneigte sich sehr tief, damit niemand sehen sollte, daß sie lächelte.

Und Königin Artemisia kehrte heim nach Halikarnassos und nahm die drei kleinen Prinzen mit sich, doch sie schickte diese nie mehr dem Großkönig Xerxes zurück, sondern behielt sie als Geiseln für das Wohlwollen des Königs der Könige und für die weitgehende Freiheit von Halikarnassos, Kos und Nisyros.

Und Königin Artemisia war sehr zufrieden.

Xerxes, der König der Könige, floh mit seinem Heer nach Thessalien. Dort ließ er Mardon, seinen Schwager und Oberbefehlshaber aller Landtruppen, zurück. Und er ließ ihm die 10 000 Unsterblichen und 300 000 auserwählte Krieger zurück, mit denen Mardon im nächsten Jahr Griechenland endgültig unterwerfen sollte.

Das übrige persische Heer floh weiter durch Makedonien und Thrakien, und mit jedem Tag wurde die Flucht entsetzlicher. Es mußte nämlich zurück durch die veröbten, ausgeplünderten Landstriche, durch die es einmarschiert war.

Zunächst schlachtete man noch die Ochsen, Büffel, Kamele, Esel und Zebras des Trosses, dann die Pferde der Reiterei und der Streitwagen, dann fing man Hunde und Katzen, dann Ratten, Schlangen und Heuschrecken.

Der König der Könige befahl, die heiligen Pferde vor seinen Wagen zu spannen,

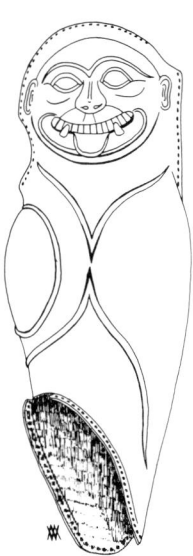

Oberarmschiene einer Hopliten-rüstung, wurde freilich nur selten getragen.

um die anderen Pferde zu schlachten, doch die heiligen Pferde aus Nisäa waren von den Hellenen längst gestohlen worden samt dem goldenen Streitwagen des Großkönigs und dem heiligen Wagen des Ormuzd.

Überall ließ Xerxes Tausende seiner Krieger zurück, ganze Völker ließ er zurück.

»Ernährt meine Krieger und sorgt für sie!« befahl der König der Könige den Behörden aller Städte, durch die er zog.

Der Befehl war undurchführbar. Da war nichts, womit man die Krieger hätte ernähren können.

Da war nichts außer Gras, Rinde und Blättern, das man verschlingen konnte.

Da war nichs als das Wasser der Flüsse, doch das war vergiftet von den Ausscheidungen der Erkrankten, von den Leichen, die zu Hunderten an den Ufern lagen.

Da war nichts als der pausenlos strömende Regen, der die Straßen, Äcker und Wiesen in einen grundlosen Morast verwandelte, in dem die abertausend Leichen der Krieger liegenblieben, die auf der Flucht des persischen Heeres durch Hunger, Krankheit und Entkräftung zusammenbrachen.

113

Platää und Mykale

Mardon, der Schwager des Königs der Könige, zog im nächsten Frühjahr mit den Unsterblichen und den 300 000 persischen Kriegern erneut durch Griechenland, nach Böotien und Attika.

Noch einmal wurde Athen erobert und niedergebrannt.

Dann, im September 479 v. Chr., kam es zur Schlacht von Platää.

Die Perser wurden von den verbündeten Hellenen unter dem Oberbefehl des Spartaners Pausanias vernichtend geschlagen, ihr Heer aufgerieben, Mardon fiel.

Das gleiche Schicksal ereilte die Reste der persischen Flotte bei der Halbinsel Mykale, nahe der Insel Lade vor Milet, die einst den Untergang der Flotte der aufständischen Ionier gesehen hatte.

Und auch im Westen, in Süditalien, triumphierte der Wille zur Freiheit.

Der Sieg bei Himera

Der Plan des Großkönigs Xerxes war es gewesen, alles Hellenentum in einer ungeheuren Zangenbewegung in Ost und West zu zerquetschen und auszurotten.

Aufmarsch eines griechischen Heeres nach einem Vasenbild.

Zwei karthagische Grabsteine mit Heck und Bug eines Kriegsschiffes.

Während sein eigenes Millionenheer gegen das griechische Mutterland anbrandete, war nach den Angaben des griechischen Geschichtsschreibers Herodot ein 300 000 Mann starkes Heer der phönizischen Karthager, geführt von dem Feldherrn Hamilkar, auf Sizilien bei Palermo gelandet.

»Es war eine der politisch großartigsten Kombinationen«, schrieb der deutsche Historiker Theodor Mommsen, »die gleichzeitig die asiatischen Scharen auf Griechenland, die phönizischen auf Sizilien warf.«

Während Leonidas bei den Thermopylen fiel und Athen brannte, rückten die Karthager auf die Stadt Himera zu, den westlichsten Vorposten der Griechen in Sizilien. Die tödliche Zange schloß sich.

Zur gleichen Stunde aber, als der Jubelschrei der hellenischen Sieger über die

Wasser der Bucht von Salamis hallte, triumphierten die Griechen auch auf dem Schlachtfeld vor den Toren von Himera.

»An dem gleichen Tag wie Salamis«, so berichtet Herodot, »besiegten vor den Mauern von Himera Theron von Agrigent und sein zu Hilfe gerufener Schwiegersohn Gelon, der Tyrann von Syrakus, das ungeheure, 300 000 Mann zählende karthagische Heer so vollständig, daß der Krieg damit zu Ende war. Der Feldherr Hamilkar verschwand spurlos. Wer von den Karthagern am Leben blieb, wurde Sklave.«

Das Aufgebot der Perser schien das Schicksal der Hellenen besiegelt zu haben, doch stärker als alle Massenaufgebote an Kriegern, Schiffen und Waffen, stärker als der Anspruch auf die Weltherrschaft war der Wille zur Freiheit gewesen.

Kaum ein anderes Volk hat so sehr immer und immer wieder um seine Freiheit ringen müssen wie das Volk der Hellenen. Sein Kampf wurde über Jahrhunderte hinweg zum Symbol, denn es gibt etwas, das ein Volk nicht geschenkt bekommt, das es sich Tag für Tag, Stunde für Stunde neu erkämpfen muß: *Freiheit.*

Es mag in diesem Kampf Rückschläge geben, es mag Niederlagen geben und Zeiten der Unterdrückung, doch solange ein Mensch, ein Volk frei sein *will*, wird es keine Macht auf die Dauer in Knechtschaft und Unterdrückung halten können.

Gewalt vermag vieles, doch den Willen zur Freiheit und damit die Freiheit selbst auf Dauer zu unterdrücken, das vermag sie nie!

Zehn Jahre danach

Der Großkönig Xerxes taumelt auf die Bühne. Sein Gewand ist zerrissen, ein leerer Pfeilköcher hängt über seine Schulter. Die Maske des Schauspielers ist in groteskem Entsetzen verzerrt.

Ein Johlen, Pfeifen und Zischen von den Rängen empfängt ihn.

Xerxes: »Unseliger ich, den zerschmettert
Dieses gräßliche, unverkündete Los!
Ganz Asien klagt um die Jugend des Landes,
Die Xerxes gemordet, der vollgestopft

Nike, die geflügelte Siegesgöttin auf dem Bug eines Kriegsschiffes.
Dieses griechische Siegesdenkmal steht heute im »Musée du Louvre« in Paris.

Den Hades mit der Blüte der Perser.
Der Helden große, dichte Millionenschar
Von Männern ist untergegangen!
Wehe! Wehe! Aiai! Aiai!«

Chor: »Als Heimkehrgruß entbiete ich dir
Schlimmtönendes Ach, notkündenden Schrei,
Von Tränen erschütterten Wehruf!«

Xerxes: »Entsendet die klagende Stimme,
Die Aufjammernde, schrille!«

Chor: »Oioi!
Wo blieb der Freunde zahlreiche Schar?
Wo sind, die zur Seite dir standen?«

Xerxes: »Ich habe die Toten verlassen,
Die dort von tyrischem Schiff
An den Gestaden von Salamis
Dahingerafft und zerschmettert.
Tot, tot, tot sind die Großen des Heeres!«

Chor: »Aiai!
Dahingegangen und ohne Namen!«

Xerxes: »Ie! Ie! Io! Io!«

Die Zuschauer greifen höhnend den Klageruf auf: »Ie! Ie! Io!«
Immer lauter, immer wilder, steigern ihn zum Freudengeschrei.

Xerxes: »Nun heult mir zum Widerhall!«

Chor: »Aiai! Aiai! Io! Io!«

Xerxes: »Zerreiße dir das Gewand
Und raufe den Bart
und beklage das Heer!«

Chor: »Aiai! Aiai! Io! Io!«

Die Zuschauer toben.
Jeder Schrei des Schmerzes von der Bühne herab wird mit neuem Jubelgeheul
aufgegriffen.
Die Athener im Halbrund des Dionysostheaters springen auf, sie stampfen mit
den Füßen, pfeifen, brüllen.

Chor: »Wie schwer schreitet's auf persischer Erde sich!«

Xerxes: »Heult, meine Begleiter!«

Chor: »Wie schwer schreitet's auf persischer Erde sich!«

Xerxes: »Aiai! Ie! Ie! Ie!«

»Ie! Ie!« brüllen die Zuschauer mit, formen den Ruf um: »Nike! Sieg! Nike!«

Xerxes: »Aeh! Aeh! Die verdorben sind
Auf den dreirudrigen Schiffen!«

Chor und Xerxes: »Oioi! Oioi! Aeh! Ie! Ie!«

Die letzten Schreie der Perser verhallen im tausendstimmigen Jubel der Athener:

»Nike! Nike! Sieg! Freiheit! Nike!«

Aufstieg und Untergang des Perserreiches
400 Jahre im Überblick

640–600 v. Chr. Kyros I., Beginn des Persischen Reiches, zunächst noch unter Medischer Oberherrschaft.

559–529 v. Chr. Kyros II., der Große.

550 v. Chr. Kyros II. stürzt seinen Lehensherrn Astyages und erobert Medien.

547 v. Chr. Eroberung von Lydien (König Kroisos).

546 v. Chr. Eroberung der griechischen Städte an der Westküste Kleinasiens.

539 v. Chr. Eroberung von Babylon und dem Chaldäerreich. Eroberung von Phönizien und damit Begründung des *Persischen Weltreiches*.

529–522 v. Chr. Kambyses II.

525 v. Chr. Eroberung von Ägypten bis Nubien.

521–485 v. Chr. Dareios I.

518 v. Chr. Weitgehend friedliche Beilegung eines Aufstandes in Ägypten.

512 v. Chr. Krieg gegen die Skythen ohne Ergebnis. Eroberung von Thrakien und Makedonien.

510 v. Chr. Eroberung des Industals.

500–494 v. Chr. Aufstand der ionischen Griechen in Kleinasien mit Unterstützung von Athen und Eritrea. Zerstörung von Sardes.

498 v. Chr. Niederlage des ionischen Heeres bei Ephesos.

495 v. Chr. Niederlage der ionischen Flotte bei der Insel Lade vor Milet.

494 v. Chr. Totale Zerstörung von Milet. Zusammenbruch des Aufstandes.

493 v. Chr. Themistokles beginnt den Ausbau des Hafens von Athen, Piräus.

492 v. Chr. 1. persischer Feldzug gegen Griechenland unter Mardon. Die Flotte scheitert am Athos.

490 v. Chr. 2. persischer Feldzug gegen Griechenland unter Datis und Artaphernes.

Das persische Heer wird bei Marathon durch die Griechen unter dem Athener Miltiades vernichtend geschlagen (Marathonlauf).

485–465 v. Chr. Xerxes I.

483 v. Chr. Verbannung des Aristides auf Betreiben des Themistokles, der die Einkünfte aus den Silbergruben von Laurion zum Bau einer Flotte verwendet.

485 v. Chr. Xerxes wirft Aufstände in Ägypten und Babylon nieder.

480 v. Chr. Nach vierjähriger Vorbereitung 3. persischer Feldzug gegen Griechenland unter Xerxes.

Schiffsbrücke über den Hellespont und Durchstich durch den Athos.

Schlacht an den Thermopylen.

Schlacht bei Kap Artemision.

Brand Athens.

29. September Seeschlacht bei Salamis. Die persische Flotte wird von den Griechen unter Themistokles (Athen) und Eurybiades (Sparta) restlos geschlagen.

Flucht des Xerxes.

Vernichtende Niederlage der mit den Persern verbündeten Karthager unter Hamilkar gegen die süditalienischen Griechen unter Theron von Agrigent und Gelon von Syrakus bei Himera.

479 v. Chr. Erneuter Einfall der Perser in Griechenland unter Mardon. 2. Brand Athens.

Vernichtung des persischen Heeres bei Plataä durch die Griechen unter Pausanias.

Seesieg der Griechen bei Mykale über die Reste der persischen Flotte. Befreiung der ionischen Städte Kleinasiens.

465–336 v. Chr. Beständige Schwächung des Perserreiches durch Aufstände im ganzen Reichsgebiet.

336–330 v. Chr. Dareios III., letzter persischer Großkönig.

336–323 v. Chr. Alexander der Große.

334 v. Chr. Angriff Alexanders auf das Perserreich mit einem makedonisch-griechischen Heer.

Sieg Alexanders am Granikos.

333 v. Chr. Sieg Alexanders bei Issos.

332 v. Chr. Eroberung von Tyros und Ägypten.

331 v. Chr. Sieg Alexanders bei Arbela und Gaugamela.

327–325 v. Chr. Zug Alexanders bis Indien.

325–323 v. Chr. Der Versuch Alexanders, Griechen und Perser zu einem Gesamt-volk zu machen und zu einem griechisch-persischen Großreich zu vereinen, scheitert am frühen Tod Alexanders.

ab 323 v. Chr. Zerbrechen des Alexanderreiches. Persien zunächst unter der Herrschaft des Seleukos, jedoch Verlust zahlreicher Gebiete.

250–228 v. Chr. Eroberung Persiens durch die Parther.

Attische Triere

Trieren waren die Hauptkampfschiffe zur Zeit der Seeschlacht von Salamis, aus ihrer Anzahl errechnete man die Schlagkraft einer Flotte.
Die auf den Plänen gezeigte Triere für 74 Ruderer gehörte zur mittleren Größenordnung.

Technische Daten:		*Antrieb:*	
Länge über alles	24,65 m	Riemen	37 Paar
Breite Rumpf		davon Thalamiten	13 Paar
am Hauptspant	4,05 m	Zygiten	12 Paar
Breite über Ausleger	4,93 m	Thraniten	12 Paar
Breite über		Segel	1 Stück
Thranitenriemen	13,40 m	Segelfläche	59,00 qm
Tiefgang KWL	0,73 m		
		Besatzung:	
Masten:	1 Stück	Ruderer	74
Höhe über Deck	9,15 m	Seeleute	10
Breite der Rah	12,00 m	Krieger	30

Der älteste Typ griechischer Kriegsschiffe war die *Monere* mit einer Reihe Ruderer auf jeder Seite, den Thalamiten (1). Die Größe des Schiffes berechnete man nach der Anzahl der Ruderer. So hatte eine Triakontore 30 Thalamiten (15 pro Seite), eine Pentekontore 50, eine Hekakontore 100; das wäre dann ein Schiff von fast 60 Meter Länge.
Mit den damaligen technischen Mitteln ließen sich nun kaum noch größere Schiffe bauen, zumal diese ja sehr schmal und flach waren, um möglichst schnell zu sein (wie unsere modernen Sportruderboote). Tatsächlich hätte eine

Pentekontore einem modernen Sportachter auf kurze Strecken an Geschwindigkeit wenig nachgestanden.

Man mußte also im selben Schiffsrumpf mehr Ruderer unterbringen, und man tat das, indem man eine zweite Reihe Ruderer, die Zygiten (2), etwas vor und über die Thalamiten setzte und ihre Riemen über einen Ausleger führte. Die *Diere* mit zwei Reihen Ruderern pro Seite war geboren.

Von der Diere war es nur noch ein kleiner Schritt zur *Triere*, indem man eine dritte Reihe mit einem noch etwas längeren Riemen noch ein bißchen weiter nach oben und innen setzte, die Thraniten (3).

Der Vorteil lag auf der Hand: Ein Schiff, wie die gezeigte Triere mit 37 Ruderern pro Seite, hätte in Moneren-Bauweise etwa 47 m lang sein müssen, in Trieren-Bauweise kam man mit 24,65 m aus, also rund der Hälfte, und das Schiff wurde somit kürzer, stabiler, schneller.

In der griechischen Fachsprache bedeutet die Endung »ore« stets eine Monere mit einer Reihe Ruderer, die Endung »ere« ein Schiff mit mehreren Reihen pro Seite.

Es ist von Fachleuten viel über die Sitzordnung der Ruderer auf griechischen Trieren gestritten worden, ganz einig ist man sich bis heute nicht. Björn Landström, der bekannte schwedische Marinehistoriker, hat meiner Meinung nach bisher die beste Lösung angeboten, und so folgen die vorliegenden Pläne mit einigen kleinen Verbesserungen seinem Grundkonzept.

Dem Rumpf griechischer Kriegsschiffe hatten Delphine zum Vorbild gedient: Die Schnauzen waren zu dem berühmten und gefährlichen Rammsporn umgeformt, das Heck bildete den Schwanz eines Fisches nach, und selbst die Augen am Bug waren nicht vergessen worden.

Steuerruder am Heck gab es in der Antike noch nicht, man steuerte mit zwei Rudern an der Seite, dazwischen auf dem oberen Kampfdeck, wo die Krieger ihren Platz hatten, stand der Sessel des Schiffskommandanten, des Triarchen.

Die Farben der Bordwände griechischer Kriegsschiffe waren recht bunt, wobei man Rot, Orange und Gelb den Vorzug gab, der Unterwasserrumpf war schwarz, Decks, Masten und Riemen blieben naturbraun.

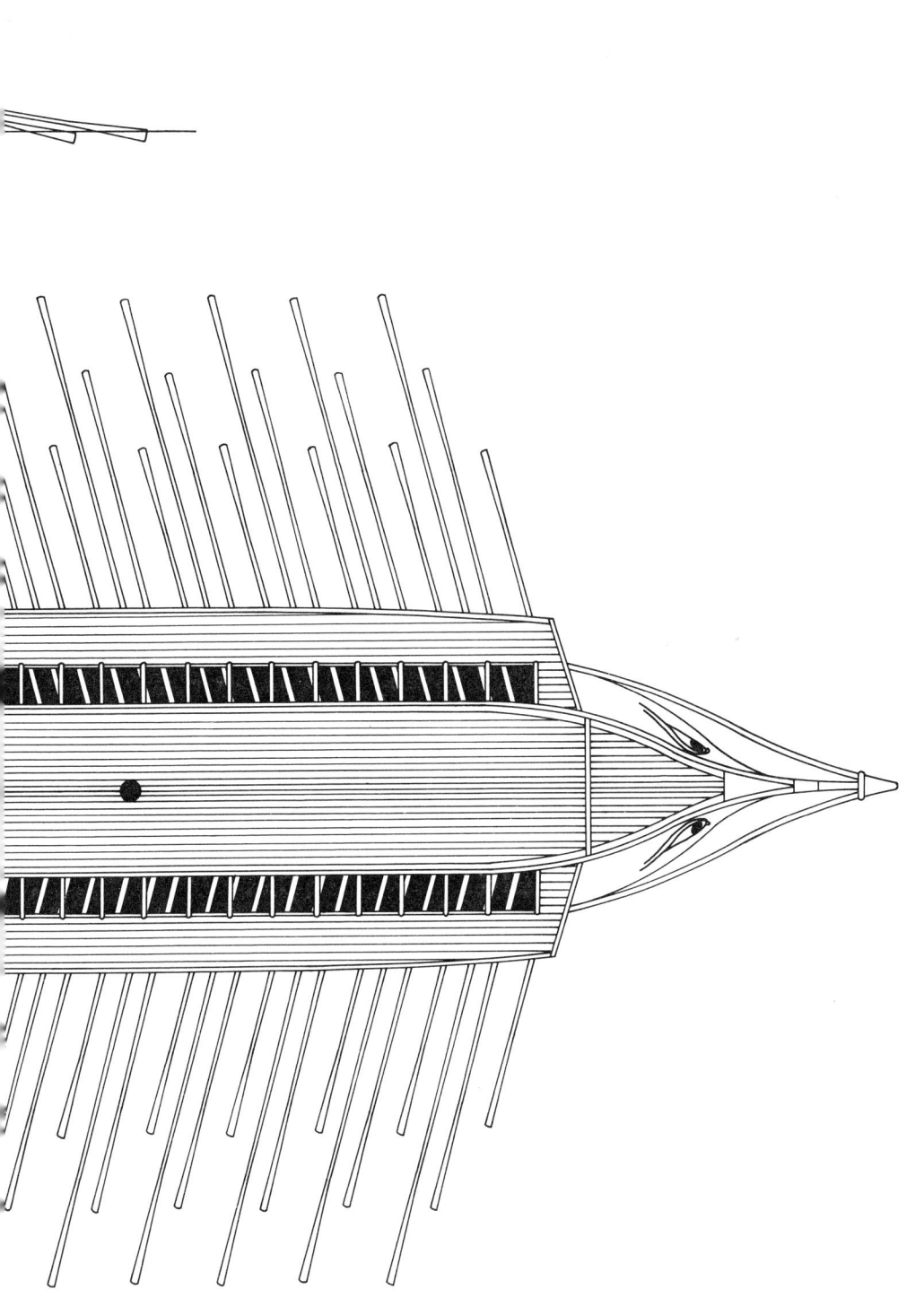

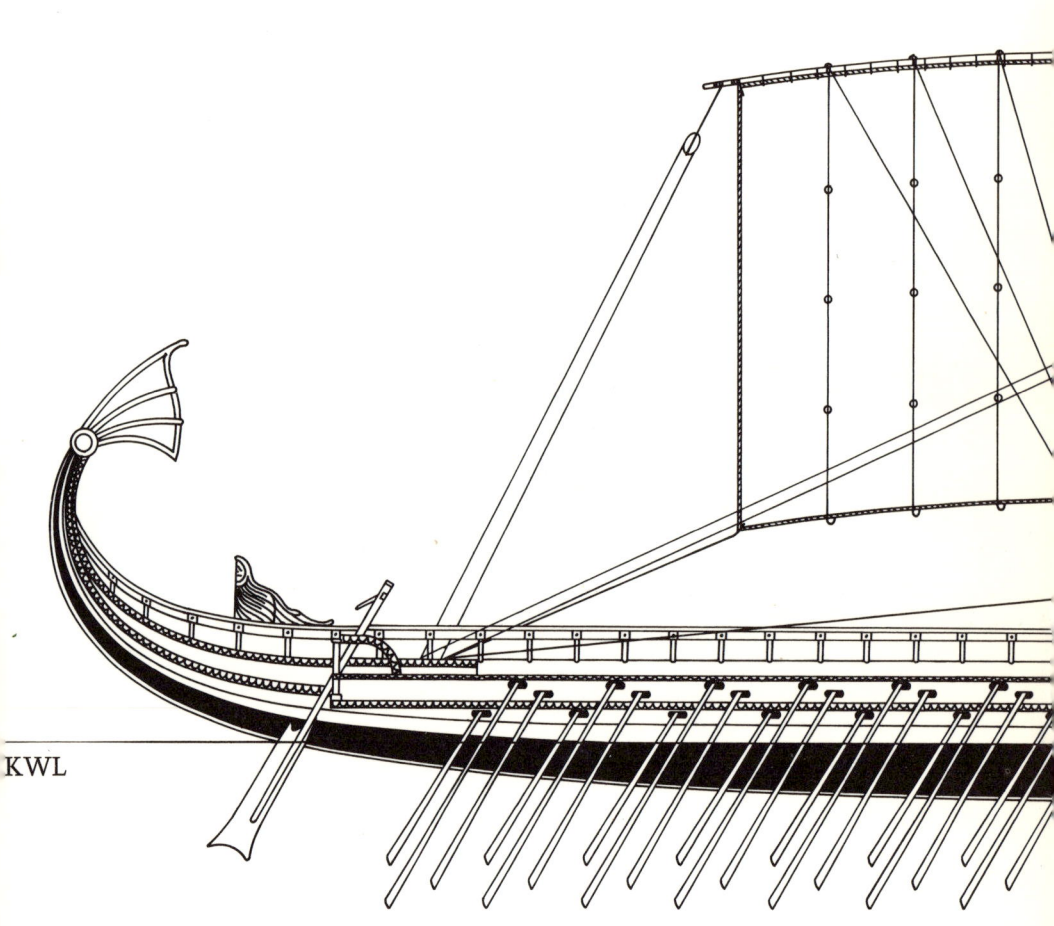

KWL

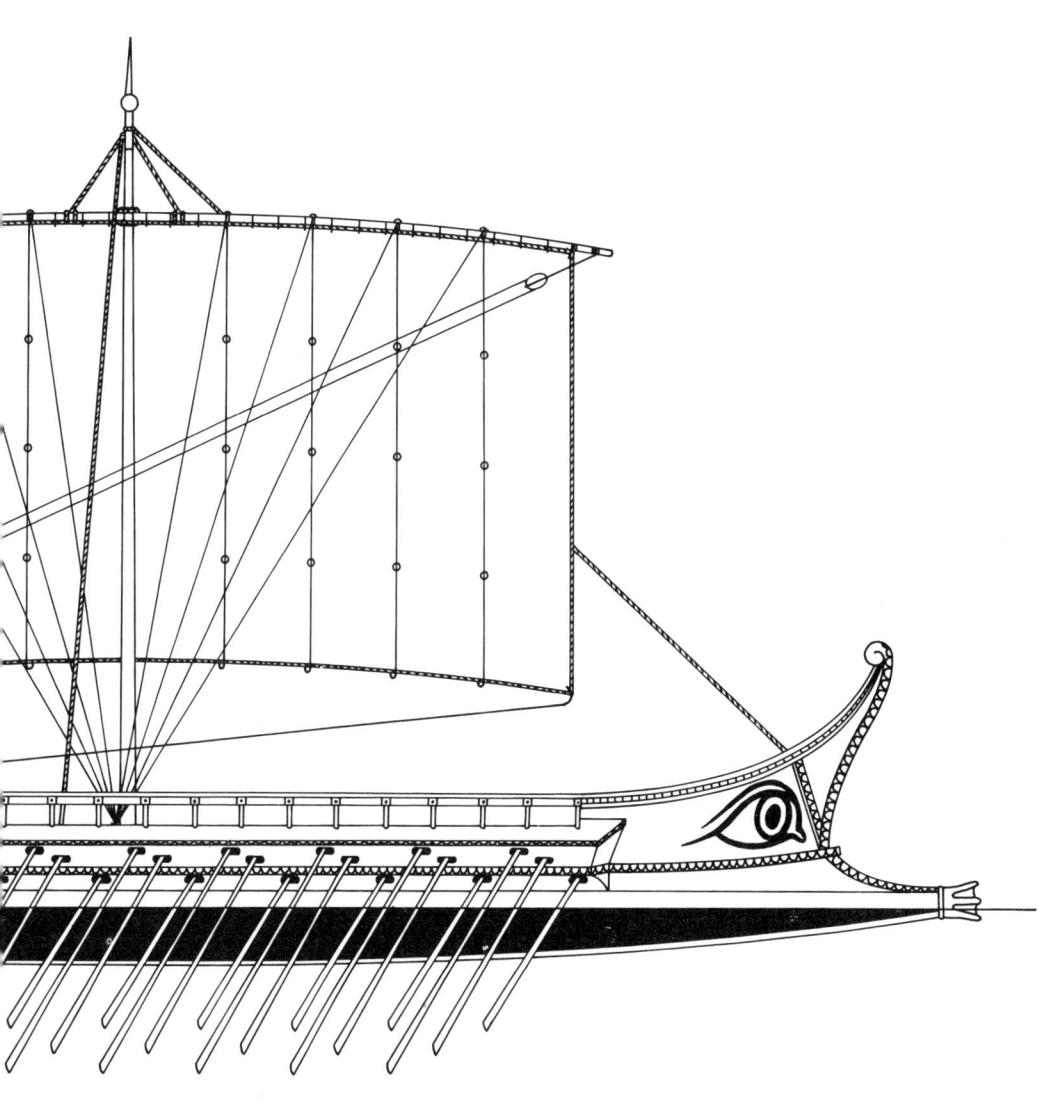

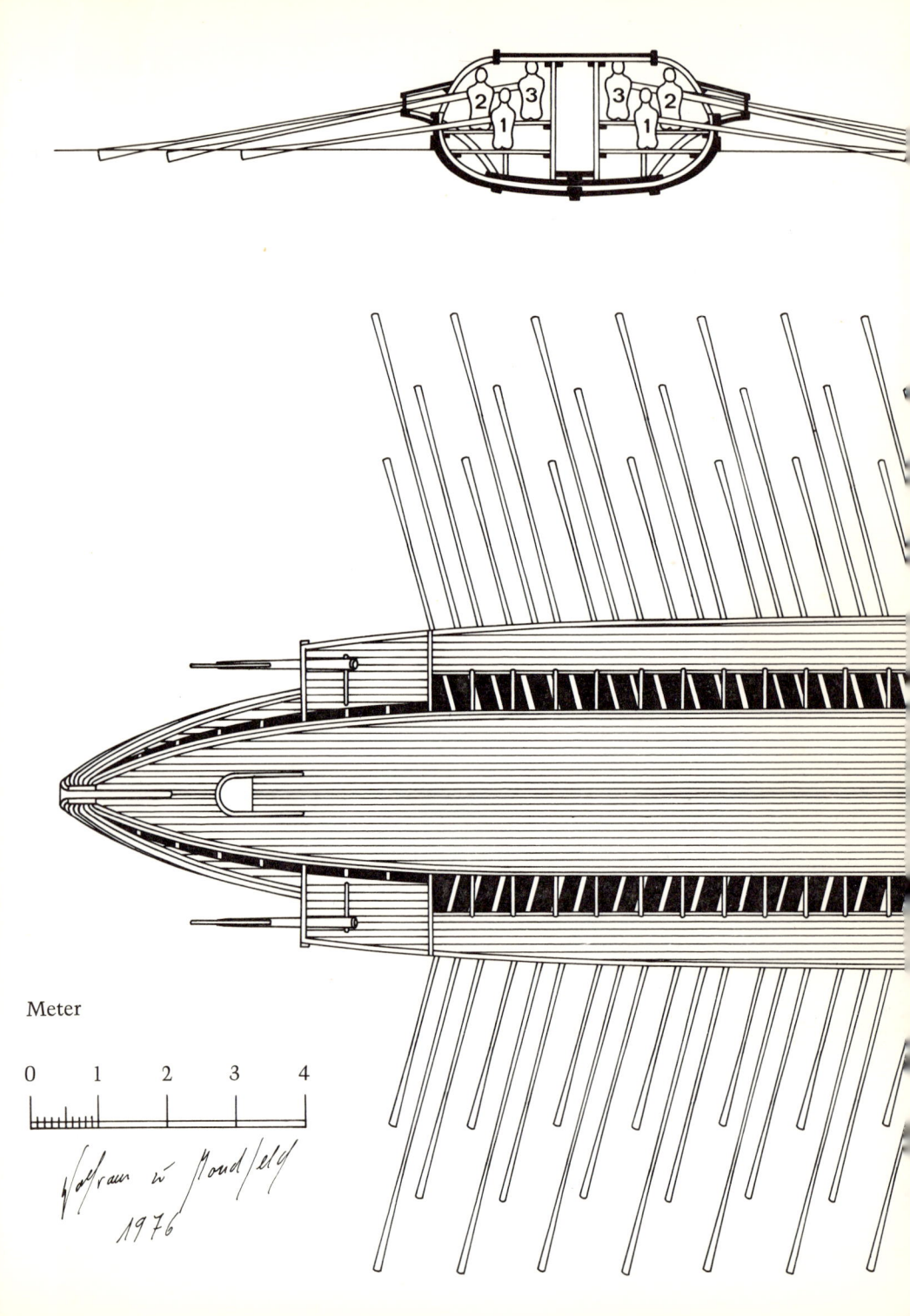

Meter

0 1 2 3 4

Wolfram in Mondfeld
1976

Die Zahlenangaben bei Herodot

Die Zahlenangaben bei Herodot über die Größe des persischen Heeres sind so oft angezweifelt worden, so daß es wohl notwendig erscheint, hierzu noch ein paar Sätze zu sagen.

Daß antike Geschichtsschreiber in ihren Zahlenangaben oft erheblich übertrieben haben, ist allgemein bekannt. Wenn der antike Schriftsteller viel meint, dann sagt er 1000, wenn er sehr viel meint, sagt er 10 mal 1000, wenn er ganz viel meint, sagt er 10 mal 10000. Also führt Alfred Heus in der Propyläen Weltgeschichte (Band III, S. 229) zu der Größe des persischen Heeres aus:

»Xerxes verfügte über ein zahlenmäßiges Übergewicht, obschon die Zahlen, mit denen die Antikentradition arbeitete, phantastisch übertrieben sind, wie die moderne Sachkritik und vor allem Hans Delbrück in einer berühmten kriegsgeschichtlichen Studie schon seit langem festgestellt haben. Die Landarmee mag 60000 bis 100000 Mann betragen haben, die Flotte 600 bis 700 Schiffe.«

Nun sind meiner Meinung nach die Zahlen von Heus und Delbrück ebenso zweifelhaft, weil ihre »moderne Sachkritik« schlicht die strategisch-taktischen Gegebenheiten vergißt. Da wäre einmal die Flotte:

Die Griechen hatten rund 350 Schiffe, eine Zahl, an der nie gerüttelt wurde und deren technische Überlegenheit eindeutig war. Die persische Flotte kam durch den Sturm bei Meliboia und die Kämpfe bei Kap Artemision geschwächt in Salamis an, und sie wäre nach Delbrück kaum noch doppelt so stark gewesen wie die der Griechen.

Die Taktik des Themistokles ging aber davon aus, daß sich die persische Flotte mit ihrer Masse in der Meerenge von Salamis selbst lahmlegen würde – was sie auch tat –, wozu aber knapp 600 Schiffe, von denen ja noch das Sperrgeschwader abgezogen werden muß, entschieden zu wenig gewesen wären.

Noch deutlicher wird die Sache von der persischen Seite aus. Das Sperrgeschwader mußte einen massiven (ja erwarteten) Ausbruch der Griechen abfangen können, durfte also nicht viel kleiner sein als die griechische Flotte – also etwa 300 Schiffe. Der Angriff selbst mußte mit entsprechender Überlegenheit geführt werden – sagen wir das Doppelte an Schiffen, und damit kämen wir bereits auf 900 bis 1000 persische Schiffe. Ähnlich sieht es beim persischen Landheer aus:

Die persische Flotte umfaßte (ohne die Troßschiffe) über 150 000 Mann. Aber kein vernünftiger Mensch schickt eine so große Flotte in den Krieg und folgt ihr mit einem halb so großen Landheer, das im Verhältnis zu dem, was die Schiffe kosten, unvergleichlich billiger ist. Dazu kommen ein paar andere Tatsachen: Xerxes hat den Feldzug vier Jahre lang vorbereitet, vier Jahre lang Truppen aus allen Teilen seines Reiches zusammengezogen, sogar Söldner (Saken, Inder u. a.) angeworben. Hätte er für ein Heer von 100 000 Mann tatsächlich so lange gebraucht, und wie paßt das nun zusammen mit der Tatsache, daß Xerxes wirklich alles nach Griechenland warf, was er an Soldaten auftreiben konnte, und daß seine Armee eine Völkerschau des persischen Großreiches war? Schaut man sich das gewaltige Perserreich an und bedenkt man die ungeheuren Vorbereitungen, so erscheint mir eine Zahl von über einer Million Krieger gar nicht so unglaubhaft.

Da wäre die Heerschau von Doriskos. Lassen wir die Zahlen außer acht, so bleibt immer noch die Tatsache, daß sich erst hier genug Platz fand, um eine Truppenschau abzuhalten – ein 60 000 oder 100 000 Mann starkes Heer hätte man aber leicht schon in Sardes oder Abydos mustern können.

Da wäre schließlich der Rückzug aus Griechenland und die damit verbundene Katastrophe, weil das Land schon auf dem sehr raschen Vormarsch restlos leergefressen war. Das hätte eine 100 000-Mann-Armee, die damals noch über eine große Troßflotte verfügte, von der aus sie mitverpflegt wurde, ganz gewiß auch in dieser Vollständigkeit nicht fertiggebracht – eine Gefahr, die selbst bei günstigem Ausgang des Feldzugs Artabanos in Sardes bereits befürchtet hatte.

Das Heer des Xerxes muß auch für heutige Begriffe gewaltig gewesen sein, und nach langer und gründlicher Beschäftigung halte ich also eine Zahl von über einer Million für keineswegs ausgeschlossen, ja sogar für durchaus wahrscheinlich.

Namen- und Sachregister

Abydos 31, 40, 42
Achaimenes, pers. Admiral 49, 74 ff., 85, 98, 100
Adeimantos, korinth. Admiral 66, 68, 71 f., 87, 98 ff.
Ägypten 13, 16, 20, 80
Ägypter 26, 48, 85, 97–102, 106
Aigina 53, 58, 82, 87, 107
Aischylos, Dichter 7, 18, 57, 94 f.
Akropolis von Athen 7, 70
Alexander der Große, König v. Makedonien 19
Ariabignes, pers. Admiral 49, 74 ff., 86, 98, 100, 102, 105
Ariomardos, pers. Admiral 39, 85, 97, 101 f., 110
Aristagoras, Tyrann v. Milet 19 ff.
Aristides, athen. Feldherr 58, 82, 107
Aristonike, Pythia 69 f.
Artabanos, Onkel des Xerxes 33, 37 f., 75, 90
Artachaios, pers. Feldherr 25 f.
Artaphernes, pers. Feldherr 22, 39
Artemisia, Königin v. Halikarnassos 35 f., 49 f., 66, 74 ff., 78–81, 86, 104 f., 107, 112
Artemision, Kap 65 f., 68, 77
Athen 7, 16, 19, 21, 23 f., 53, 55 f., 69–72, 74, 82, 87, 100, 109, 111, 114 f.
Athos, Gebirge 22, 25 f., 31, 33
Atossa, Großkönigin-Witwe 24, 110
Attika 53, 55, 72, 114

Babylon 13, 40
Böotien 53, 114
Bosporus, s. Hellespont
Bubares, pers. Feldherr 25 f.

Chaldäer 13, 43

Damasithymos, König d. Kalyndier 33, 49, 87, 99, 104, 112
Dareios, Großkönig d. Perser 7, 10, 13, 16, 18, 21–24, 33, 37, 51 f., 67 f.

Datis, pers. Feldherr 22
Demaretos, König v. Sparta 61 f.
Delphi 69
Diere 27, 49, 68, 107
Dionysos-Theater 7 ff., 52, 110 f.
Dorer 48, 80, 86, 98
Doriskos 41–59

Ephialtes, Verräter 64 f.
Eritrea 19, 23, 87
Etrusker 29 f.
Euböa 53, 76 f.
Eurybiades, spart. Admiral 56, 59, 65 f., 68, 70 f., 82, 88, 98 ff., 107

Flotte, griechische 21, 49, 58 f., 65 f., 69 f., 72, 76, 84–111
Flotte, persische 16, 18, 22, 25, 37 f., 47–51, 59 f., 65 f., 69 f., 72, 76–82, 84–111, 129 f.

Gelon, Tyrann v. Syrakus 116
Griechen, s. Hellenen
Griechenland, s. Hellas

Hamilkar, kreth. Feldherr 115
Heer, griechisches 21, 24, 60–65, 114
Heer, persisches 8 f., 16, 18, 24, 31, 33, 37 f., 40–47, 49 ff., 53, 59 f., 61–65, 70, 111 ff., 129 f.
Hellas 7, 16, 18 ff., 24 f., 33, 37 f., 51 f., 54 f., 60, 115
Hellenen 13, 16, 18–23, 28–31, 52–66, 68–73, 84–116
Hellespont 25, 31 ff., 38, 40 f., 51, 53, 111
Herodot, griech. Geschichtsschreiber 21, 115, 129 f.
Himera, Schlacht von 115 f.
Hoplit 23, 54, 81, 88, 92, 109
Hydarnes, pers. Feldherr 62–65, 84, 109

Indien 13, 16
Ionier 19 ff., 37 f., 48, 80, 86, 89 f., 98, 105
Ionischer Aufstand 19 ff., 114

131

Bildernachweis

Viermal Mondfeld — viermal Spannung
Sachbuch-Preisträger des Freien Deutschen Autorenverbandes

Drachenschiffe gegen England
schildert den normannischen Angriff auf England unter Wilhelm
dem Eroberer. Mit großer Anschaulichkeit zeigt es die Zusammenhänge
dieser Invasion und die abenteuerliche Überquerung des Kanals.
136 S., Karten, über 60 Abbildungen, vierfarb. lamin. Schutzumschlag

Der sinkende Halbmond
macht lebendig, wie der Weltherrschaftsanspruch der Türken in der
Schlacht von Lepanto 1571 auf dem Wasser zunichte wurde. Dieses
reich ausgestattete Sachbuch schildert die gesamte Szene der Vorbereitungen und den Ablauf der Schlacht selbst.
136 S., Karten, über 60 Abbildungen, mehrfarb. lamin. Schutzumschlag

Ruder hart backbord
behandelt eines der wichtigsten Ereignisse in den Auseinander-
setzungen zur See: Hintergründe und Verlauf der Viertageschlacht 1666
im englisch-holländischen Seekrieg. Darüber hinaus berichtet es von
den dunklen Geschäften der Kriegsgewinnler.
148 Seiten, Karten, reich illustriert, vierfarb. lamin. Schutzumschlag

Piraten und Schmuggler von Saint Malo
schildert die Seeabenteuer Robert Surcoufs und des Marquis de
Kèrazan. Von Saint Malo, dem berüchtigten Piratennest der Bretagne,
aus unternehmen sie die tollkühnsten Kaperfahrten um Afrika und
bis in den Indischen Ozean.
136 S., Karten, über 60 Abbildungen, vierfarb. lamin. Schutzumschlag

---

Heinrich Pleticha
Drachensegler am Horizont
Wer waren sie, die mit so wenigen Leuten solchen Schrecken verbreiten
konnten? Ihre Sagas, dazu Funde und Ausgrabungen lassen uns
einen Blick tun in die Welt der Wikinger, ihr Leben, ihre Geschäfte und
ihre Feste.
268 Seiten, zahlreiche Zeichnungen und Bilder, Karten, 6 Farbtafeln,
vierfarb. lamin. Schutzumschlag

Ludwig Bühnau
Schwarze Flagge am Mast
»Kurzbiographien schildern nicht nur das harte und grausame Leben
auf See, den ›Piratenalltag‹, sie zeigen uns auch die Motivation oder die
Umstände, die dazu geführt haben, daß zum Teil auch religiös erzo-
gene Menschen zu Piraten geworden sind.«
                                        Stadtbücherei Darmstadt
248 Seiten, viele Abbildungen, Karten, 6 Farbtafeln, vierfarb. lamin.
Schutzumschlag

Heinrich Pleticha
Auf der Spur des Roten Mannes
» . . . vermittelt ein Bild des Indianers als Mann der Wildnis, als Jäger
und Fallensteller, aber auch als tapferer Krieger. Eine Zeit denkwürdigen
Aufbruchs und Abenteuers und das Leben eines tapferen Volkes
werden in objektiver Abwägung lebendig.«
                                        Esslinger Zeitung
252 Seiten, ca. 50 Abbildungen,
6 Farbtafeln, Karte, vierfarb. lamin. Schutzumschlag

Arena-Sachbuch-Reihe
»Wissenschaft und Abenteuer«

Jeder dieser Bände, von Heinrich Pleticha herausgegeben und bearbeitet, hat 72 Seiten, eine zweifarb. Karte und mehrfarb. lamin. Schutzumschlag

---

Das Relief auf den folgenden Seiten zeigt:
Reiterzug vom Parthenon der Akropolis in Athen. Diese herrlichen Pferde waren aus
den erbeuteten heiligen Pferden von Nisäa weitergezüchtet worden.
Heute befindet sich dieses Relief im »British Museum« in London.

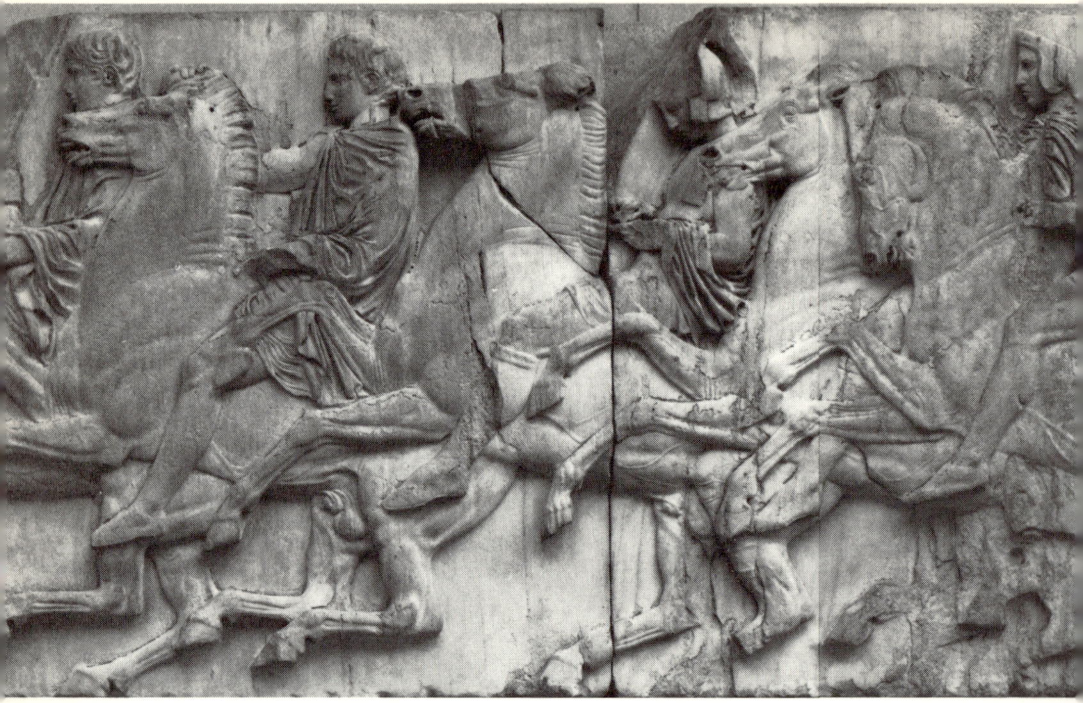

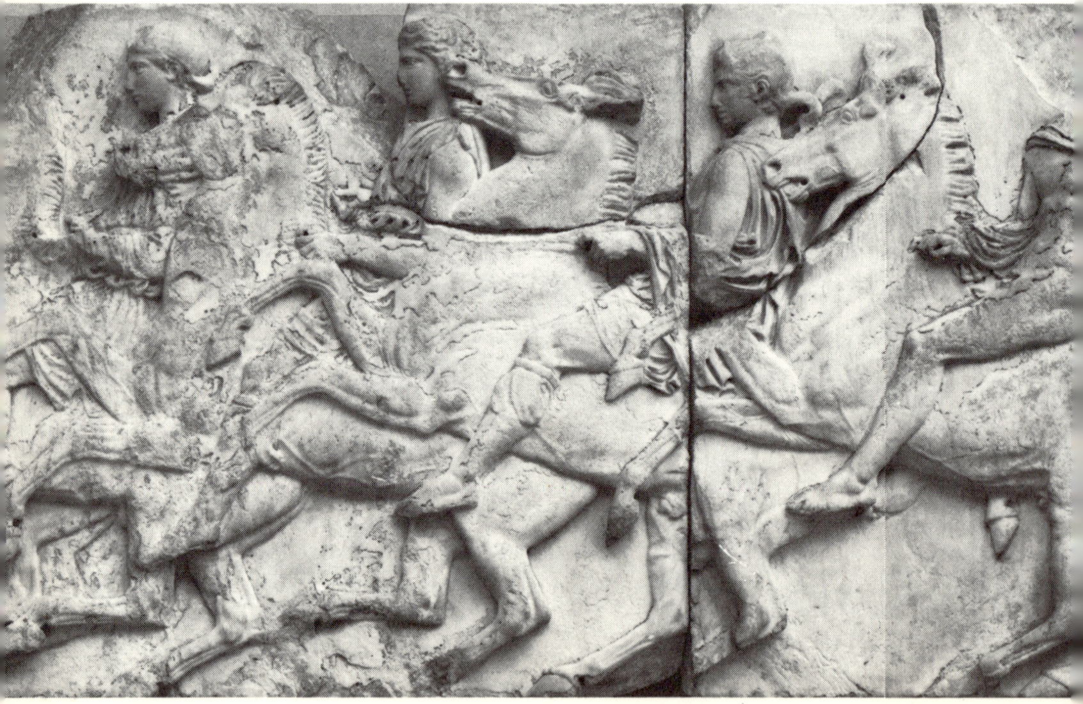